口絵1（上） 日 …… は、集落の中心にドー
ナツ状に石を ……
口絵2（下） 高 …… 地で、権力者から庶民
まで、多くの人々が「最高の功徳」を得ようと、…… もの墓が立てられた

口絵3　伊賀の土葬三昧。樒《シキミ》と割り竹で四方結界が作られ、蓮の造花が供えられている（三重県伊賀市）

口絵4　近年まで行われていた南山城村の土葬（京都府相楽郡）

口絵5 工場の隣接地にひっそりと残る「両墓制」の埋め墓。日本の庶民の葬送の原型を知ることができる（埼玉県さいたま市）

口絵6 古い土饅頭《どまんじゅう》が残されている埋め墓（滋賀県近江八幡市）

口絵7 埋葬地に円錐型の構造物が立つ埋め墓（滋賀県高島市）

口絵8 瀬戸内海に浮かぶ佐柳島・長崎集落の埋め墓は、まるで「賽《さい》の河原」を思わせる（香川県仲多度郡）

口絵9 霊屋《たまや》と呼ばれる、死者のための小屋が作られた志々島の埋め墓（香川県三豊市）

口絵10 墓標がなく砂地に自然石が置かれた埋め墓（香川県丸亀市）

口絵11 東京・新島に残る流人墓。江戸時代から明治初期にかけて1300人以上の罪人がこの地に流され埋葬された（東京都新島村）

口絵12 等身大の人物を象《かたど》った、奄美大島にある肖像墓（鹿児島県奄美市）

口絵13 中国の唐墓の影響を受けて受け継がれてきた沖縄の亀甲墓《きっこうばか》（沖縄県）

口絵14 家屋のような屋根を持つ沖縄の伝統的な破《は》風《ふ》墓《ばか》(沖縄県)

口絵15 豪族の集団埋葬地である百按司《ムジャナ》墓《バカ》(沖縄県国頭郡)

口絵16 普天間基地のフェンス下にめりこんだ亀甲墓(沖縄県宜野湾市)

口絵17 アイヌの伝統的な墓標であるクワ(前方)。死者があの世へ向かう時の杖代わり(北海道旭川市)

口絵18 無数の遺骨を粉末状にして固めた一心寺の骨仏《こつぼとけ》。人骨を信仰の対象とする事例は世界を見渡しても極めて珍しい(大阪府大阪市)

絶滅する「墓」

日本の知られざる弔い

鵜飼秀徳 Ukai Hidenori

NHK出版新書
704

はじめに

京都・嵯峨嵐山《さがあらしやま》にある寺の住職をしている。檀家《だんか》の数は100軒ほどで、典型的な「食べていけない」寺だ。観光寺院ではないため、常に静寂を湛《たた》えている。

境内の中で、最もロケーションがよい場所は墓地だ。南に嵐山と竹林を借景にして、常に季節の花が咲き誇っている。その花の蜜や小虫を求めて、多くの野鳥が飛来する。手前味噌だが、他にかえがたい環境だと思っている。

幼い頃は、墓地の石畳を跳ねるハンミョウを、一生懸命追いかけた。ある時は、地域の友人と「肝試し」をし、またある時は、闇に包まれる墓地で流星を探した。

私にとって墓地は、ジメジメとした怖い場所ではなかった。ここぞ、産土《うぶすな》と思える場所なのである。墓に埋まるにはもうしばらくかかりそうだが、正直、今から「死後」が楽しみだ。

近隣に足を向ければ、多くの権力者や文化人の墓が点在している。たとえば、私の日々の散歩コースには、『源氏物語』の主人公・光源氏のモデルとなった源《みなもとの》融《とおる》の墓がある（清《せい》凉《りょう》寺《じ》境内）。またそのそばには、大坂の陣で非業の死を遂げた、豊臣秀頼《ひでより》の墓（首塚）がある。さらには、「陰陽師」で知られる平安時代の貴族、安倍晴明の墓も、近くの住宅街の一角にある。歴史の授業や大河ドラマなどで登場する偉人が、「ご近所さま」であることに今更ながら、誇りを感じている。

一方で、各地域にも郷土史を伝える墓が多く残されている。たとえば藩主の菩提寺には、歴代藩主の墓が残されていることが多い。その規模や、墓の意匠から学び取れることは多い。

私は職業柄、常に墓と接する生活を続けている。しかし、その「墓」の定義が難しい。わが国の法律、つまり墓地埋葬法第二条に書かれている「墳墓」には、「死体を埋葬し、又は焼骨を埋蔵する施設」とある。つまり、そこに「故人の遺体」が存在する場所をいう。

しかし考古学上、もしくは民俗学上、あるいは宗教学上の「墓」は、必ずしも遺体が埋まる場所に限定されているわけではない。本書で詳しく述べていくが、わが国には両《りょう》墓《ぼ》制《せい》という墓制が存在する。これは遺体の埋まる墓と、魂を入れる墓とを分けている。両墓制では、むしろ魂の墓のほうを重視する。

また、非業の死を遂げた武将の墓や、一部の天皇陵、様々な供養塔、慰霊塔の類いにも遺体が埋まっていないことが多い。しかし、そこが故人の「生きた証」であり、残された人々が祭祀を行う場所であれば、紛れもなく「墓」といえる。本書では、そうした遺体の埋まらないモニュメントも「墓」として取り上げる。

「墓」は、学びの宝庫といえる。たとえば、歴史的な教訓が、墓には刻まれている。

2020(令和2)年から始まった新型コロナウイルスの流行は、私たちのライフスタイルを変える歴史的エポックとなった。わが国だけでも死者は7万人以上(2023年4月現在)に上り、多くの人が、いつ何時感染するかもしれないと怯える日々を送った。コロナ禍はいつ終息するのか。またいつか、別の感染症の恐怖がやってくるのだろうか。

実は感染症の歴史こそ、「無言の先人」たちが教えてくれている。前回のパンデミックは、1918(大正7)年~1920(大正9)年に大流行したスペイン風邪。わが国では2500万人が感染し、38万人以上が死亡したといわれている。当時、スペイン風邪の流行がどのように推移し、終息していったのか。それは、死亡記録である墓碑や寺の過去帳にはっきりと示されている。

うちの寺の当時の年間平均葬儀数は、6件ほどで推移している。一般的に寺院の年間の葬儀発生率は、檀家数の6パーセントといわれている。だが、1918（大正7）年は14件、1919（大正8）年は11件、1920（大正9）年は20件と、葬儀数が不自然に増えている。増加傾向は4年ほどで落ち着き、その後はスペイン風邪流行以前の水準に戻っている。

寺の墓碑をサンプル調査するだけで、過去の感染症がどの地域で、どれだけ広がり、いつ終息していったのかがわかるのだ。将来における感染症蔓延《まんえん》についても、どれくらいのスパンで発生し、終息していくのか。先人の死に様に、学ぶことができるかもしれない。

感染症と墓碑の関係性を研究したものが皆無なのが残念だ。この続きは、本書の結びにあるのでぜひ、お読みいただきたい。

感染症だけではない。墓の存在は、地震や噴火、台風、火災などの災害の過去も明らかにする。

たとえば、多数の犠牲者を出した阪神淡路大震災や東日本大震災。被災地の霊園に赴けば、「平成七年一月十七日」もしくは「平成二十三年三月十一日」の没年が刻まれた墓を、そこここに見つけることができるだろう。墓こそが、かつてこの地で惨事が起きたことを想起させ、「決して、警戒を怠《おこた》るな」と警鐘を鳴らしてくれるのだ。

戦争の教訓も然《しか》り。戦前から存在する墓地には、石塔の先がオベリスクのように尖った、ひと際大きな墓「奥津城《おくつき》」が必ずといってよいほど見つかる。それは、一族の墓とは別に建立され、「武」「烈」「勇」などの漢字があてられた特殊な戒名「戦時戒名」が刻まれている。

明らかに、地域の青年が出征し、戦場に散った証である。ほとんどの奥津城には、遺骨が入っていない。遺骨がいまだに戻ってきていないか、あるいは戦後の遺骨収集事業で回収され、無名戦没者として千鳥ヶ淵戦没者墓苑に祀られているか、である。誤解を恐れずにいえば、戦争の愚かさを伝えているのも英霊の墓なのだ。

墓は、「負の歴史」を教えてくれるだけではない。地域の歴史や習俗などを知る「生きた教材」でもある。

ところが、日本各地に残された墓制が、間もなく消滅してしまう危機に瀕している。たとえば、伝統的な土葬や両墓制などは、風前の灯火である。沖縄の破風墓《はふばか》や亀甲墓《きっこうばか》も、遺体を自然の中で朽ちさせ、後に骨を洗う「風葬」がなくなったことで数を減らしつつある。

本書の最大の目的は、「絶滅危惧墓（あるいは絶滅墓）」を記録しておくことにある。そうした滅びゆく墓制から、地域や日本人の弔いの歴史、さらには習俗を知ってもらうのが本書のねらいだ。

私はこの8年ほど、各地に残る不思議な形態の墓や埋葬を取材してきた。足を運ぶほどに、日本における墓や埋葬の多様性に驚かされる。

本書だけで、墓制のすべてを網羅できるものでは到底ない。しかし、日本の墓制を俯瞰《ふかん》し、日本人がいかに死と向き合ってきたのかを知っていただければ幸いである。

絶滅する「墓」——日本の知られざる弔い　目次

第 1 章

私たちにとって「墓」とは何か

――墓制史が教える日本人の死生観

日本人ははるか古《いにしえ》から、亡き人を畏れ、敬い、「墓」を建て、祈りを続けてきた。墓の形態や規模は、時の権力や死生観によって常に変化し続け、わが国独自の葬送文化を醸成してきている。現代につながる「庶民の墓」が造られ始めたのは、江戸時代である。「寺請《てらうけ》制度」が嚆矢《こうし》となった。日本人は太平洋戦争後も「一族の墓」を護持し、盆や彼岸には墓参りを欠かしてこなかった。われわれの生活の中には「弔いの心」が組み込まれているのだ。

まずは「日本人と墓」の歴史を、旧石器時代から終戦後まで駆け抜けてみよう。

旧石器時代に遡る墓の起源

人類が、いつから弔いの心をもち、墓を造り始めたかは定かではない。

しかし、墓の痕跡を辿れば、旧石器時代（約1万5000年以前）にまで遡《さかのぼ》る。氷河期と重なる時期だ。約3万年前まで、ユーラシア大陸ではネアンデルタール人と呼ばれる旧人類が暮らしていた。彼らの多くは洞窟を住処とし、打製石器を用いて狩猟生活を営んでいた。ナウマンゾウやオオツノジカなどの獲物を求め、移動生活をしていたと考えられる。

そのネアンデルタール人の遺跡からは、家族や仲間の死を悼《いた》み、埋葬した痕跡が見つかっている。たとえば中期旧石器時代（推定約7万〜約5万年前）のものと考えられるシリアのデデリエ遺跡では、推定2歳の子どもなどの人骨4体が発見されている。

約6万年前のイラクのシャニダール遺跡では、計10体のネアンデルタール人の遺骨が出てきた。同遺跡での興味深い事柄は、墓の土中からムスカリやキンポウゲなど、複数の花粉が見つかっていることだ。死者に対する弔意の証（供花《きょうか》）なのであろう。数万年前の旧人が、すでに現代人と同様に葬送儀礼を執り行っていたと考えられる。

では、わが国における最古級の墓は、いつ頃のものなのだろう。日本は多雨であることが要因となって土壌が酸性になりやすく、有機物である人骨が残りにくいといわれている。それでも、2万年以上前の墓の遺跡が発見されている。

大阪府藤井寺市のはさみ山遺跡では、2万年以上前（後期旧石器時代）の住居跡や、楕円型の土壙《どこう》（土葬墓）が確認された。また、北海道知内《しりうち》町の湯の里4遺跡から見つかった土壙も、およそ2万年前の後期旧石器時代のものと考えられている。湯の里4遺跡からは副葬品の石製の小玉や琥珀《こはく》製の垂飾《たれかざり》、石刃など14点（重要文化財）が出土している。土壙の底部には、赤い土を散布した痕跡がみられた。

赤い土の散布や副葬品の特徴は、カムチャッカ半島のウシュキ遺跡の墓と酷似しているという。旧石器時代のわれわれの祖先が何を考えて、赤い土を敷いたのかは定かではない。しかし、遺体を丁重に葬っていたことは理解できる。あるいは、「復活の儀礼」のようなものであったのかもしれない。葬送が「文化」として萌芽し始めた、とも言えそうだ。

氷河期が終わったのが、およそ1万年前のこと。食物を煮炊きするために土器がつくられ始め、気候が温暖になるとともに農耕が始まった。そして人々は集団による定住生活へと移行する。日本でいう縄文時代（新石器時代）の始まりだ。

縄文時代の貝塚とストーン・サークル

縄文時代（約1万5000年前〜約2500年前）の遺跡からは、縄文人のゴミ捨て場である「貝塚」がよく見つかる。明治時代のお雇い外国人エドワード・モースが発見した大森貝塚（東京都品川区・大田区）や、加曾利《かそり》貝塚（千葉県千葉市）が特によく知られている。その貝塚層からは、しばしば人骨が出土する。大量の貝殻からカルシウムが溶け出し、土壌の酸性化を防ぎ、良好な状態で人骨が保全されるためと考えられている。

縄文時代における代表的な「ムラ」の特徴は、環状集落を形成していることだ。環状集落では中心部に広場をつくり、その周囲をドーナツ（サークル）状に石を配して墓地とする

ように頭部を土器で覆う「甕被り《かめかぶ》」や、胸部に「石抱き」をした遺体が見つかることがある。これは縄文人の精神性、死生観をよく表している。「死者の魂が彷徨《さまよ》い、生者に災厄を及ぼす」という「死後世界への畏れ」を、すでに縄文人がもっていたとする説が有力だ。

縄文時代後期になると、再葬（複葬）と呼ばれる葬送が出てくる。再葬とは遺体を放置（風葬）・土葬するなどの方法でいったん朽ちさせて白骨にして、埋葬し直すことだ。なかには人骨を火葬して、壺に納めたものもある。

火葬人骨の最古は、岡山県岡山市の彦崎《ひこざき》貝塚から出土した人骨とされている。時代は縄文時代だ。

その後時代が進んで弥生時代中期にかけては、甲信・関東を中心にして火葬を伴う再葬が一般化する。

弥生時代につくられた古墳の原型

弥生時代（約2500年前~約1700年前）に入ると、稲作が各地に広がっていく。集落は見晴らしのよい高台の上につくられるのが一般的で、十数戸単位の竪穴《たてあな》式住居が形成された。そして、穀物を貯蔵する高床式倉庫がつくられた。地域にはそうした小さな集落が寄せ集まり、拠点としての大規模集落も設けられた。大規模集落には、祭殿が設けられた。すなわち、呪術をつかった祭祀＝政治的機能が存在したとみられている。「政治《まつりごと》」の源流である。

この頃の墓地は、集落の外れに設けられるのが一般的であった。縄文時代の環状列石は集落の中心に墓を設けた。だが、弥生時代になって、墓は集落外に出されてしまったというわけだ。

弥生時代初期の埋葬の特徴は、木棺に遺体を納めていた点にある。納棺の習慣は弥生時代になって朝鮮半島から伝わったとされている。当時の「墓」の形態としては、甕棺墓《かめかんぼ》や石で囲われた石槨墓《せっかくぼ》などがみられる。

九州北西部では、支石墓も造られるようになった。支石墓というのは、遺体を巨石で囲む形態のもので、木棺墓同様に朝鮮半島でよく見られる。福岡県糸島市の志登《しと》では、弥生時代初期から中期にかけての支石墓10基と、甕棺墓8基が発見されている。

また、特に近畿地方では、複数の棺（木棺や甕棺）を方形型の盛り土で覆い、外堀をめぐらせた合葬型の方形周溝墓が見られる。瀬戸内地方では、土を丸く盛ったその真ん中に、1つの棺を納めた円形周溝墓が複数発見されている。

方形周溝墓には、棺の大きさや副葬品の有無などの「格差」がみられる。一方で、単独葬である円形周溝墓の被埋葬者は、かなり地位の高い者であったことが窺える。弥生時代後期になると、その後の古墳時代の黎明を予告するように、この円形周溝墓の規模が一段と大きくなっていく。それは「葬送のビッグバン」といえるものであった。

「殯《もがり》」の誕生

わが国におけるパーソナリティがはっきりした人物の最初は、邪馬台国の女王、卑弥呼《ひみこ》であろう。実在したかどうかの論議はあるにせよ、彼女は民を束ね、巫術を操りながら世を治める権力者であった。卑弥呼が登場する古墳時代初期（3世紀後半）の『魏志倭人伝《ぎしわじんでん》』には、当時の葬送の様子が描写されている。

『其死有棺無槨　封土作冢　始死停喪十余日　当時不食肉　喪主哭泣　他人就歌舞飲酒　已葬　挙家詣水中澡浴　以如練沐』

（試訳：人が死ぬと遺体を木棺に入れ、土饅頭《どまんじゅう》の墓をつくった。喪に服する期間は10日あまりで、その間は肉を食するのは禁止された。喪主は泣き叫び、他の人は歌を歌い酒を飲んで死を悼ん

だ。埋葬が終わると、喪家は水に入って沐浴《もくよく》した）

およそ1800年も前に、現代にも似た葬式が行われていたことに驚くが、ここで特筆すべきことは、死後「喪に服する」期間が設けられていることだ。ここに「殯《もがり》」の発生をみることができる。

殯とは死後、遺体を朽ちさせることで、復活の望みを諦め、死を受容する期間のことである。遺体を安置する場所を「殯宮《もがりのみや》」などと呼ぶ。殯の後に、葬儀を営む。

この殯の風習は、後の天皇家の葬送儀礼の中にも組み込まれていった。天皇の殯の期間は通常数ヶ月だが、たとえば6世紀の敏達天皇は5年8ヶ月、7世紀の斉明天皇の場合は5年7ヶ月もの間行われたとの記録がある。天武天皇の殯も2年2ヶ月と長期にわたっている。天皇の肉体が腐敗して消滅し、白骨化するのを見届けたうえで弔う、凄まじい葬送儀礼である。

天皇家の殯の風習は、近年まで続けられてきた。しかし、たとえば昭和天皇と香淳《こうじゅん》皇后の崩御《ほうぎょ》の際にも殯が行われたことは、ほとんどの国民は知らない。昭和天皇は1989（昭和64）年1月7日に崩御した。その13日目の1月19日に、殯宮に遺体が移されている。そして葬儀にあたる大喪《たいそう》の礼が設定されたのが2月24日であった。

つまり、48日間の殯が行われたことになる。その間は連日連夜「殯宮祗候《ひんきゅうしこう》」の儀式が行われた。殯宮祗候とは、天皇の遺体に皇室や宮内庁関係者らが輪番制で付き添い、見守ることである。こんにちの一般的な「通夜」の概念は、この殯宮祗候からきていると考えられる。

当時の新天皇（現上皇）は殯が明け、「斂葬《れんそう》の儀」に望む際、「御誄《おんるい》」と呼ばれる、前天皇に対する追弔の言葉を述べている。その中にも、「殯」が登場する。

「殯宮におまつり申し上げ、霊前にぬかずいて涙すること四十余日、無常の時は流れて、はや斂葬の日を迎え、轜車《きぐるま》にしたがって、今ここにまいりました」

なお、現在の上皇は2016（平成28）年8月8日、「象徴としてのお務めについて」のビデオメッセージを発表した際に、自身の殯について触れている。

「これまでの皇室のしきたりとして、天皇の終焉に当たっては、重い殯の行事が連日ほぼ2ヶ月にわたって続き、その後喪儀に関連する行事が1年間続きます。その様々な行事と、新時代に関わる諸行事が同時に進行することから、行事に関わる人々、とりわけ残される家族は、非常に厳しい状況下に置かれざるを得ません。こうした事態を避けることはできないものだろうかとの思いが、胸に去来することもあります」

昭和天皇時代の殯を経験した近親者だけが知る、深く重い言葉だ。今まさに、殯の歴史は転換点を迎えようとしている。

では、殯の後、天皇はどのように埋葬されるか。1654（承応3）年に崩御した後光明天皇から昭和天皇の時代まで、天皇および皇后の埋葬法は、神道式の土葬となっている。しかし、現上皇と上皇后は、一般の葬送と同じく、火葬を希望している。そのため、長期の殯は実施せず、火葬して遺骨にした後に大喪の礼が執り行われる見通しとなっている。

巨大古墳の時代へ

さて、話を戻そう。『魏志倭人伝』では、卑弥呼の死にも触れている。

『卑弥呼以死　大作冢　径百余歩　徇葬者奴婢百余人』

（試訳：卑弥呼が亡くなると、直径100歩あまりもの大きな塚をつくった。同時に葬られた者は100人以上にも及ぶ）

邪馬台国や卑弥呼の墓の所在をめぐっては、九州説や畿内説など論争が続いている。一説には奈良の箸墓《はしはか》古墳（前方後円墳、墳丘長272メートル）が卑弥呼の墓であると囁《ささや》かれているが、被葬者は不明である。

卑弥呼が登場した頃から、さかんに「王」の巨大墳墓が造られるようになる。いずれにしても、箸墓古墳は古墳時代の黎明を告げる存在とされている。ちなみに古墳時代の象徴である「前方後円墳」の名称は、江戸時代の学者、蒲生君平《がもうくんぺい》が『山陵志』の中で初めて用いた。

文化庁の『周知の埋蔵文化財包蔵地数』（令和3年度）によれば、全国には15万9953基もの「古墳・横穴」が発見されている。北海道や青森県、秋田県では一切確認されておらず、最多は兵庫県の1万8707基である。

次いで鳥取県の1万3505基で、古墳が多いイメージのある奈良県は9663基（全国8番目）、大阪府は3428基（全国13番目）にとどまっている。古墳の多くが円墳であり、前方後円墳は5000基ほど（全体の約3％）と考えられている。しかし、戦後の宅地造成において、かなり多くの古墳が消滅してしまったというから、残念なことだ。

古墳は4世紀後半以降、さらに巨大化する。その代表例が2019年に世界文化遺産に登録されたことで知られる百舌鳥《もず》・古市古墳群（大阪府）であろう。この古墳群は、世界最大規模を誇る大仙陵古墳（525メートル、堺市、宮内庁治定・仁徳天皇陵）を筆頭に、誉田御廟山古墳《こんだごびょうやま》（425メートル、堺市、同応神天皇陵）、上石津《かみいしづ》ミサンザイ古墳（365メートル、堺市、同履中天皇陵）など、2エリア計49基で構成されている。大阪府以外の巨大古墳では、古墳時代中期（5世紀前半）に造られたとみられる岡山県岡山市の造山《つくりやま》古墳（350メートル、被葬者不詳）や、作山古墳（282メートル、岡山県岡山市、被葬者不詳）などがある。

大仙陵古墳の造成には15年8ヶ月の歳月と、延べ680万人の人夫が必要であったとの試算がある。盛られた土は約112万立方メートル、堀などを造成するために掘って取り除かれた土は約110万立方メートル。古墳に設置された埴輪《はにわ》は約3万基、葺石は約1460万石に及んだと推定されている。土の量は東京ドーム（容積124万立方メートル）およそ2つ分。重機ではなく人力で移動させたのだから、とてつもない労力である。

百舌鳥古墳群の時代の巨大古墳には特徴がある。大阪湾に浮かぶ船上から見える場所に造成されたことだ。考古学者の青木敬氏は『東アジアと連動していた百舌鳥・古市古墳群』の中で、このように見解を示している。

「海を渡ってきた人や列島の他の勢力に対し、『ここには巨大な権力がある』と見せつける必要が出てきたということです。その理由は鉄資源が欲しいから。（中略）倭王権にとって武器、武具、馬具などの素材となる鉄資源が生命線となるわけです。（中略）現在の研究では朝鮮半島南部から鉄資源を輸入していたと考えられていますが、武力だけでなく、ここに大きな権力があることをはっきりと示す巨大な古墳にしなければならないのです。つまり、古墳に対して『外向き』の観念が強まったのではないかと考えられます」

大仙陵古墳（大阪府堺市、写真提供／ユニフォトプレス）

　墓が内政における権力誇示のためだけではなく、列島内の他の王権や諸外国に対してのポジション取りや商談の道具にも使われていた、というのだ。

巨大古墳から「薄葬」の時代へ

　ところが6世紀末（古墳時代後期）にもなると、巨大な前方後円墳の造成はピタリと止まる。そして前方後円墳に替わって、横穴式石室をもつ小型の円墳や方墳、八角墳、上円下方墳などバラエティに富んだ形状の古墳が各地で造られていく。

古墳はそれまで、上部から納棺する竪穴式石室が基本であった。それが、古墳の側面に入り口を開け、通路（羨道《せんどう》）をつくって、その奥に棺が納まる玄室を設ける構造に変化した。一族墓的な要素の強い、群衆墳が多く造られたのも古墳時代後期の特徴である。

そして古墳時代の終焉を決定的にしたのが、646（大化2）年に出された、大化の改新における詔《みことのり》「薄葬令」である。孝徳天皇の時代のことだ。薄葬令は『日本書紀』に詳述されている。ここでは宇治谷孟の『全現代語訳　日本書紀』（講談社学術文庫）を引用する。


「この頃わが人民が貧しいのは、むやみに立派な墓を造るためである。ここにその墓制を設けて、尊卑の別を立てよう。皇族以上の墓は内（玄室）の長さ九尺、巾五尺。外域は縦横九尋《ひろ》（一尋は両手をひろげた長さ）、高さ五尋、労役に服するのは千人、七日で終了するよう。葬礼の時の垂帛《たれきぬ》などは白布がよい。轜《きくるま》（葬屋）と車はあってもよい。（筆者注：この後、身分に応じた墳墓の規模と葬儀の日数が書かれている）（中略）王《おおきみ》以下小智以上の墓は小さい石を用いよ。垂帛は白布。庶民の死者は土中に埋めよ。垂帛は麁布《あらきぬの》。一日もとどめることなくすぐ葬れ。王以下庶民に至るまで、殯《もがりや》を作ってはいけない。

畿内《うちつくに》より諸国に至るまで場所をきめて収め埋め、方々にけがらわしく埋めてはならぬ。およそ人が死んだ時に、殉死したりあるいは殉死を強制したり、死者の馬を殉死させたり、死者のために宝を墓に収め、あるいは死者のために生きている者が断髪したり、股《もも》を刺したりして、誄《しのびごと》をのべたりする旧俗はことごとく皆やめよ」

つまり、大化の薄葬令では、身分に応じた墓の規模や弔い方が書かれているのだが、高い地位の者に対しても大規模な墳墓造成をことごとく否定しているのだ。

ましてや、庶民にはモニュメントとしての墓の建立を許さなかった。「（死後）一日以内に土中に埋めよ」としている。殯を行うための殯屋の建立は、皇族から庶民まで禁止した。ただし、天皇や皇后、皇子、皇女に限っては殯が継続された。

大化の薄葬令は、中国の薄葬思想の影響を受けたものと考えられている。『日本書紀』の中でも、「唐土《もろこし》の君」が「葬《とむら》うのはかくすことである。人に見られないのがよい」と語ったことが紹介されている。

わが国で火葬が始まるきっかけは700（文武4）年、法相宗の祖道昭《どうしょう》が遺言によって荼毘《だび》に付されたことだ。道昭は遣唐使に従って大陸に渡り、玄奘三蔵《げんじょうさんぞう》に師事した人物として知られている。著名な遊行僧《ゆぎょう》行基《ぎょうき》の師にあたり、行基も師に倣って火葬されている。

火葬は、仏教の祖であるゴータマ・ブッダ（釈迦）が火葬されたことを根拠にして「仏教式の弔い方」とされてきた。そして朝鮮半島から日本へ、仏教が伝来したのは6世紀半ばのことだ。道昭による火葬まで150年ほどの差がある。この間、仏教への信仰は広がりをみせていたものの、「仏教の弔い＝火葬」が定着していなかったということだろう。

道昭に続いて、天皇家でも火葬が取り入れられる。702（大宝2）年に持統上皇が崩御。その翌年に火葬されたのが、天皇や上皇の火葬の最初とされている。天皇家の仏教信仰の深化が感じられる。持統上皇の火葬は、のちの天皇や貴族らに伝播し、「火葬＋薄葬」が身分の高い者の間で取り入られていく。

この頃の支配階級の墓の変化で特筆すべきことは、「墓誌」の登場である。墓誌とは、現代における墓所でしばしば見られる、被葬者の氏名と簡単な履歴のことである。菩提寺で保管されている「過去帳」の原型ともいえる。1979（昭和54）年、日本最古級の墓誌が奈良県奈良市此瀬《このせ》町で発見され、大騒ぎになった。その青銅製の墓誌には、

「左京四條四坊従四位下勲五等太朝臣安萬侶以癸亥／年七月六日卒之　養老七年十

二月十五乙巳」

（試訳：左京の四条四坊に住む従四位下勲五等が与えられた太朝臣安萬侶は、723（養老7）年7月6日に死去。12月15日に埋葬された）

と記されていた。「太朝臣安萬侶」とは、元明天皇の時代に現存最古の歴史書『古事記』を編纂した太朝臣安万侶《おおのあそんやすまろ》のこと。墓誌の発見は、それまで架空の人物と疑われていた安万侶が実在したという動かぬ証拠となった。この墓誌は国の重要文化財に指定されている。

一方で、奈良時代の庶民の墓はどうだったのであろうか。平城京には数万人規模の人々が暮らしていた。しかし、墓をもてたのは一部の貴族のみであった。

757（天平宝字元）年、養老律令が施行される。養老律令は大宝律令に続く、わが国の国家法である。養老律令の中では「喪葬令《そうそうりょう》」なるものが規定された。ここで埋葬法などが定められ、そこには「都の中や幹線道路の近くには埋葬してはならない」「墓は三位以上の貴族や氏の始祖、氏の長のみ造ることができる」などとある。したがって庶民の遺体は放置（風葬）か、河原などに埋められた（土葬）か、であったと推測される。

石仏に見る中世の葬送の風景

8世紀終わりに平安京に都が移されても、相変わらず「薄葬」は続いていた。薄葬の極みともいえるのが、淳和《じゅんな》上皇と嵯峨上皇の埋葬であった。淳和上皇は、遺言で骨を砕いて散骨せよ、と命じている。また、嵯峨上皇は墓を造らず、草の生《む》すままにして、供養もするなと厳命するほど、薄葬に徹している。現代の墓じまい、散骨ブームにも通ずる葬送意識で興味深い。

平安京における墓葬制のエポックは、寺院と墓が結びついたところだろう。この頃、天皇をはじめとする支配階級の墓が、洛外の寺院境内に積極的に造られはじめる。これを「陵寺」という。たとえば、851（嘉祥4）年に仁明天皇の菩提《ぼだい》を弔うために、陵墓に隣接する地に平安宮清涼殿の建物を移築して造られた嘉祥寺（京都市伏見区）などである。

平安京は人口の増加とともに、遺体の処理が大問題になっていた。この時まだ、先に述べた喪葬令には効力があった。そのため、洛中には墓は造られず、郊外が葬送の地に選ばれた。今でも地名として残る鳥辺野《とりべの》（東山区）、蓮台野《れんだいの》（北区）、化野《あだしの》（右京区）の3ヶ所である。

いずれも葬送を連想する地名といえる。鳥辺野は、遺体をついばむカラスを連想させる。

蓮台野の「蓮台」とは仏が座る台座のことで、棺桶を置いて引導を渡すための台座を指していう場合もある。化野の「化」は「空《くう》」「儚《はかな》さ」を表す仏教用語である。

鳥辺野周辺は、大谷本廟（大谷墓地）や大谷祖廟（東大谷墓地）など日本を代表する大型霊園や、火葬場の京都市中央斎場などが点在する葬送の地として、現在に受け継がれている。また、蓮台野は別名「千本」という地名にもなっている。その由来は蓮台野へと向かう葬送の道に卒塔婆《そとば》千本を立て、死者の魂を供養したからだといわれている。

喪葬令では四位以下の貴族や庶民は墓をもてなかったが、平安京に遷都されてからはなし崩し的に墓が造られるようになったと考えられる。背景には人口の増加や石造技術の向上などがありそうだ。

当時の葬送の情景は、現代にもうっすらと見ることができる。蓮台野の墓碑としての石仏は後世、掘り出されてまとめて祀られた。それが上品蓮台寺《じょうぼんれんだいじ》（北区）などに集められている。また、化野でも地域に点在する石仏は、明治時代になって化野念仏寺に集められた。発願したのは岡山県岡山市吉備津《きびつ》に本部を置く修験道系新宗教福田海《ふくでんかい》の教祖中山通幽《なかやまつうゆう》である。

中山は京都・化野界隈に散在していた8000体もの石仏・石塔を集めて、化野念仏寺に合祀。現在、化野念仏寺の無縁石仏群は地域のシンボルにもなっており、いかにも京都・嵯峨野らしい景観をつくっている。8月のお盆の時期の夜には、石仏に蠟燭《ろうそく》を灯して供養する千灯《せんとう》供養が有名で、大勢の観光客が幽玄の時空に誘われる。

京都市内に散見される石仏の中には平安期のものも少なくなく、かつての葬送の風景の断片を見ることができそうだ。

吉田兼好が著した随筆集『徒然草《つれづれぐさ》』にはこう書かれている。

「あだし野の露きゆる時なく、鳥部山の烟《けぶり》立ちさらでのみ住みはつるならひ……」

「あだし野の露」は庶民のための儚い埋葬、つまり土葬を、「鳥部山（鳥辺野）の烟」は上層階級の火葬を指していると考えられる。

平安時代末期から鎌倉時代初期にかけての葬送の描写は、絵巻物『餓鬼草紙《がきそうし》』（国宝、東京国立博物館蔵）から窺い知ることができる。そこには墓場に現れた餓鬼が墓を暴き、人肉や遺骨を貪《むさぼ》り食う姿がユーモラスに描かれている。注目すべきは、五輪塔や角柱塔、笠塔《かさとう》婆《ば》といわれる仏教由来の石塔墓（後述）が、出現しているのが見てとれることだ。

『餓鬼草紙』が指し示すように平安末期頃から、一部の有力者の中で石の墓（石塔）が建立されるようになった。一方で庶民は土葬したうえで、せいぜい木製の卒塔婆を立てた程度の墓だと考えられる。

京都には墓標としての石仏、および五輪塔が数万体あるとみられており、それが地域のそこここで祀られている。京都人はそうした石仏を一様に「おじぞうさん」と呼んで親し

蓮台野の無縁石仏群(京都市北区)

化野念仏寺の無縁石仏群(京都市右京区)

『餓鬼草紙』（東京国立博物館蔵）

み、年に一度は「化粧」と「よだれ掛け」を新しくする。

そして、毎年お盆の時期には、「おじぞうさん」の前で子どもを集めた催し物「地蔵盆」を開いている。地蔵盆は「講（信仰を同じにする者の集まり）」の一種である。京都の地蔵盆は、市内の町内自治会の79パーセント（2013年京都市調査）ほどで実施されているという。この日ばかりは、キリスト教や新宗教の家庭に育つ子どもも、みな一緒になって集い、数珠《じゅず》回しをしたり、ゲームをしたりして1日を過ごす。

しかし、京の人々が「地蔵菩薩」と思っている「おじぞうさん」の多くは、じつは大日如来や阿弥陀如来、多宝・釈迦如来の並坐像と考えられている。地蔵菩薩は、むしろ少数派である。かつて墓標として造られた「おじぞうさん」の多くが祀り直され、現代においては地域コミュニティを結びつける存在になっていることが、じつに微笑ましい。

鎌倉時代に入ると、京都では墓標としての石仏・石塔が量産されていく。これは鎌倉時代以前、時の権力者平清盛の命によって、奈良の東大寺や興福寺の反平家勢力が狙われた「南都焼き討ち」が画期となったと考えられている。焼け落ちた南都の復興の過程で、多くの石工が生まれていったのだ。しかし、平家が滅んで源氏の世の中になり、東大寺・興福寺が再建。南都の復興とともに石工たちは職にあぶれ、京都に仕事を求めた。

当時は年忌法要や墓参が普及しはじめ、魂の依代《よりしろ》となる石仏のニーズが高まった時期だ。京都の蓮台野付近には、良質の花崗岩《かこうがん》「白川石」が採取できる山があり、この石を使って無数の石仏・石塔が造られていった。

京都の石仏は平安末期から鎌倉時代初期のものは肉厚、大ぶりなのが特徴だ。しかし、技術の向上とともに、次第に小ぶり、薄型になっていく。

高野山に30万基もの供養塔が出現

石塔は、時代や地域によってその形態は様々だ。鎌倉時代以降は五輪塔、宝篋印塔《ほうきょういんとう》、無《む》縫塔《ほう》、笠塔婆、板碑《いたび》など、様々な造形のものが出現している（左ページ図参照）。

そのもっともメジャーな種目である五輪塔は、今なお需要がある石塔だ。五輪塔は一見すると、串を差したおでんのような形状をしている。真言密教由来で、5つのパーツから成る。この世の構成要素である「五大」、すなわち上部から「空・風・火・水・地」を表して造形されている。

銘のある日本最古の五輪塔は、岩手県平泉の中尊寺釈尊院墓地にある1169（仁安4）年建立のものだ（重要文化財）。総高149センチメートルで、でっぷりとした風格を湛えた造形である。被葬者は定かではない。

平安末期以降に五輪塔を主とした石塔が次々と出現したことで有名なのが、高野山《こうやさん》（和歌山県伊都郡）である。高野山は言わずと知れた弘法大師空海が開いた、真言密教の聖地だ。その最も神聖な区域、奥之院には弘法大師が835（承和2）年に入定《にゅうじょう》した御廟《ごびょう》がある。大師側に永遠に寄り添いたいとして聖地高野山へ遺骨を納骨する動きが現れる。

その嚆矢は1085（応徳2）年に没した御室仁和寺二世で、皇族の性信法親王《しょうしんほっしんのう》といわれる。また、仁和寺第四世の覚法法親王《かくほうほっしんのう》も高野山納骨を果たしている。

1160（永暦元）年には鳥羽法皇の寵愛を受けた美福門院得子《なりこ》が高野山に納骨される。

五輪塔

宝篋印塔

無縫塔（卵塔）

笠塔婆

板碑

鎌倉時代以降の石塔の種類

彼女は先に亡くなった鳥羽院の御廟の隣の塔に一時埋葬されたものの、遺言に沿って遺骨が取り出され、高野山に運ばれた。夫と離れてまでも、弘法大師のそばに埋まりたいという美福門院の強い遺志は、後の「高野山納骨ブーム」に火をつけることになったに違いない。

高野山への納骨、あるいは供養塔としての石塔を立てていく動きは、室町時代に入ってさらに加熱する。その背景には「高野聖《こうやひじり》」の宣伝活動があった。高野聖とは、994（正暦5）年の高野山の大火後の復興における勧進《かんじん》を担う目的で結成された、遊行僧の集団である。高野聖は特に鎌倉時代以降、全国を遊行して、高野山納骨を喧伝していった。

その果実を目の当たりにするのが、奥之院（口絵2）である。奥之院の、弘法大師御廟に向かう参道の周辺の森に、埋もれるようにして苔生した石塔が乱立している。これらの石塔は弘法大師の眠るこの地で、権力者や僧侶、あるいは庶民が「最高の功徳」を得ようとした証といえる。

高野山大学図書館課長（当時）で高野山の調査研究を続けている木下浩良氏の著書によれば、奥之院にはゆうに30万基もの石塔があるという。紀年銘のある石塔でもっとも古いのが1256（建長8）年のものだ。奥之院への石塔建立の流行のピークは室町時代の中期

（15世紀ごろ）で、江戸時代に入ると建立の動きも落ち着いていく。しかし、高野山納骨を希望する人々の熱は、近現代になっても続いている。

奥之院にある石塔でとくに著名なのは、石田三成、伊達政宗、前田利家、浅井長政、法然などの供養塔である。なかでも奥之院最大の石塔は、徳川二代将軍秀忠の正室、お江《ごう》の五輪塔だ。基壇を合わせた高さは8メートルを超える。これら石塔の多くは、遺体や遺骨が埋葬されていることを伝える墓標ではなく、魂が眠る供養塔である。

石田三成などは30歳の時に、「逆修《ぎゃくしゅ》」の石塔をここに立てている。逆修とは、生前供養としての墓を建てることだ。これは逆修を通じて生前に功徳を積むことで、極楽に往生することが約束されるというもので、現在にも受け継がれている。生前戒名を授与されたり、生前墓を立てて墓石に赤字を刻んだりすることである。

ちなみにお江の本墓は東京都港区の増上寺に、石田三成の本墓は京都の大徳寺にある。中世における石塔文化を牽引し、石塔文化の黄金時代をつくったのは紛れもなく高野山であったといえるだろう。

バラエティ豊かな墓の登場

ここで、中世における葬儀の歴史を振り返ろう。7世紀の大化の薄葬令や、8世紀の養老律令の中での喪葬令が出されて、わが国における葬送が簡素になっていったことは先に述べた通りである。

「葬式仏教」と揶揄される現在だが、葬儀と仏教が結びついたのは平安時代以降といわれる。日本に仏教がもたらされたのは6世紀。その後は仏教による統治、つまり鎮護国家仏教としての体制が整えられる。

朝廷は南都七大寺（東大寺、興福寺、元興寺、大安寺、西大寺、薬師寺、法隆寺）を建立し、僧侶を官僧として位置づけて、祈禱と学問に従事させた。この時、南都仏教の僧侶は、天皇家における神事に積極的に関わっていた。ただし神道において死穢《しえ》（死のケガレ）はタブーであり、南都の僧侶も「死」を怯え、葬儀にはタッチしなかったと考えられる。

そうした中で、先述のように法相宗の道昭によって、仏教の中に火葬が組み込まれると、その後天皇や支配階級の間で火葬が普及していく。

仏式の葬儀の普及に影響を与えたのが10世紀、天台宗の源信によって著された『往生要集』だ。『往生要集』は地獄道や餓鬼道などの死後の六道輪廻《ろくどうりんね》が説かれており、解脱《げだつ》して極楽浄土に往生するためには念仏が大切であると説いた。当時は末法思想が流行っており、それと相まって念仏往生の大切さが、貴族らの間で盛り上がっていく。

『往生要集』は臨終時および葬儀の手引き書という位置づけで、特に念仏を推奨した。そうしてわが国における浄土教の基礎となり、次第に葬儀が体系立てられていった。そして、平安末期以降出現する新仏教の僧侶が、積極的に死穢の処理に関わっていくことになる。

貴族から武家へと権力構造が転換したのが鎌倉時代である。日本仏教史上最大といえる画期が鎌倉新仏教の誕生である。浄土宗、浄土真宗、時宗、臨済宗、曹洞宗、日蓮宗といった教派が勃興し、貴族や武家、庶民らの心を摑んでいった。臨済宗や曹洞宗、いわゆる禅宗は武士に支持されていく。その武家社会は鎌倉に幕府をつくった。鎌倉は山間にあり、平地が少ない土地である。

そこで鎌倉を中心とする地域に、一風変わった墓が登場した。「やぐら」だ。やぐらは、岩肌や山腹に横穴を通し、その洞窟の内部（玄室）に墓を設ける。一見、横穴式の古墳の時代に先祖返りしたようにも思えるが、そうではない。

被葬者は武士や僧侶ら上層階級で、内部の壁面には彫刻や装飾が施され、玄室には五輪塔や板碑を設置した豪華なものであった。敦煌《とんこう》の巌窟寺院とも似たような構造だ。鎌倉に

鎌倉に点在するやぐら（写真提供／ユニフォトプレス）

は3000ヶ所以上のやぐらが存在する。国内における類似のものとして、宮城県・松島の瑞巌寺の洞窟墓（鎌倉時代～江戸時代）がある。

一方、京都では石工の技術の向上とともに、新たな意匠の墓が出現した。先にも触れた「宝篋印塔」と呼ばれる仏塔形式の墓である。宝篋印塔は現在でも関西を中心に、格式の高い墓石として建立され続けている。最古の宝篋印塔は、高山寺にある明恵《みょうえ》上人の供養塔で1239（暦仁2）年の作と伝えられている。

形状は複雑だ。四角柱の塔身の上に冠のような飾りがついていて、最上部には相輪と呼ばれる塔がそびえ立つ。それぞれのパーツには蓮《はす》や幾何学的な紋様、梵字《ぼんじ》などが、細かく彫り込まれている。当時、急速に石塔造形の技術が向上していったことが窺える。

また僧侶の墓として、「無縫塔（卵塔）」と呼ばれる、蓮台に卵を載せたような形状の墓が造られ始めるのも鎌倉時代である。多くの寺院境内墓地に足を向ければ、立地のもっともよい場所に歴代住職の無縫塔が並んでいるのを見つけることができるだろう。

室町から戦国時代にかけては、寺院の境内に墓地が積極的に造られ始めた時期でもある。それまで死は穢《けが》れの対象で、政治の中心＝洛中から墓は排除されていたが、寺という引力に引っ張られるようにして隣接地に設けられるようになっていく。

鎌倉時代の宝篋印塔（京都市右京区）

「お寺の近くに埋葬され、常に読経の声に包まれながら、供養され続けたい」

そんな人々の強い願いは、瞬く間に各地に広がった。こんにちに続く寺院墓地の形成が始まったのがこの頃だった。墓石の種目も豊かになり、宝篋印塔、五輪塔、板碑、諸石仏などが混在してきた。

墓石を持てる階級も貴族や武士層全体へと広がりを見せていった。しかし、多くの庶民の葬送は相変わらず郊外における風葬か川石を乗せただけの簡素な墓、もしくは板塔婆などであった。仮に石造であったとしても、板碑のような比較的簡素な墓石であったと考えられる。

檀家制度とイエの墓

古代・中世を通じて墓をもてる身分は上流階級に限られていたことは、これまで述べてきたとおりである。しかし、徳川将軍家が統治する江戸時代に入ると、いよいよ「庶民の墓」が登場し、定着する。ブレイクスルーになったのは「寺請《てらうけ》制度」と呼ばれる、宗教を使った幕府の内政統治政策であった。これは、日本人であればことごとくムラの寺の檀家にならなければならないとするものだ。

１６３５（寛永12）年、徳川幕府は寺社奉行を設置。キリシタンへの取り締まりを強化していく。そうした中で１６３７（寛永14）年、キリシタンによる大規模な一揆「島原の乱」が発生する。

この島原の乱は、幕府にとって大きな衝撃として受け止められた。キリシタンらは死を顧みず、信仰をひとつにして権力に立ち向かったからである。この島原の乱が梃子《てこ》になって、本格的な「仏教の国教化」へと入っていく。

島原の乱の翌1638（寛永15）年、幕府はすべての日本人に対して、寺請証文の提出を義務づけるよう命じた。寺請証文とは、葬儀を担う寺を菩提寺とし、その檀家がキリシタンではないことを、住職が署名捺印して証明する身分証明書のことである。

寺請制度によって、各地の寺院整備が急速に進んでいくことになった。人々はどこに居住していようと、必ず菩提寺を持たなければならなくなったからだ。

当時、仏教教団の各宗派は勢力拡大を進め、各地に好き勝手に寺院を建立し、無秩序化していた。私度僧《しどそう》が怪しげな祈禱を行って、人を惑わすような寺も出てきていた。そのため幕府は1631（寛永8）年に新寺建立禁止令を出し、お寺の「総量規制」に乗り出している。

幕府は、庶民の檀家寺になりうるのは、新寺建立禁止令以前の開創の寺院とした。そうした由緒ある寺が地域になければ、古い祠《ほこら》などを寺院に昇格させ、住職を住まわせる「格上げ」などを実施した。

その結果、すべての村に必ず1つの寺院が造られるという、寺院の社会資本化（一村一寺の制）が完成したのである。一説には江戸時代の檀家寺は、およそ9万あったともいわれている。

圭室文雄《たまむろふみお》『葬式と檀家』によれば、1638（寛永15）年中には日本人全員に対して寺請証文が作成されたという。この寺請証文がまとめられて、庄屋のところで台帳にしたのが「宗旨人別改帳《しゅうしにんべつあらためちょう》」であった。宗旨人別改帳は、今でいう「戸籍」である。

宗旨人別改帳と同時に、寺では歴代檀家の戒名や俗名などを記した死者の帳簿「過去帳」の制作が一般化していく。江戸時代の宗旨人別改帳や過去帳は現在に伝わっている場合があり、先祖の身分が判明してしまう可能性があるので、その取り扱いは厳しく制限されている。

国家権力は仏教寺院のネットワークを利用して、人々を統治しようとした。また、寺院数を固定化したことで、仏教を幕府の管理下に置くこともできた。仏教界にとっては、勢力の拡大は望めなくなる一方で、各地の寺院経営は安定していく。すべての民がどこかの寺の檀家に組み込まれたことで、「菩提寺による葬儀」「菩提寺による墓の管理」「菩提寺による先祖供養」の寺檀関係が構築されたからだ。つまり、庶民からの布施によって寺院経営を支える仕組みができたのである。

ちなみに当時の住職は、今のように寺に永住して、家族をもつ「世襲制」ではなく、数年おきに本山から派遣されて入れ替わる「交替制」であった（世襲が認められていた浄土真宗を除く)。

こうしてムラ社会の中で、寺の権限が強化され始めると、「多額の布施を払わなければ、寺請証文を作成しない」などといった堕落寺院も現れ始める。寺院は庶民に対して生殺与《せいさつよ》奪《だつ》の権を握っていたのである。現代でも布施にまつわるトラブルは枚挙にいとまがないが、寺が堕落した経緯を辿れば、江戸時代の寺請制度にまで遡ることができそうだ。

江戸時代に確立した「庶民の墓」

では、江戸時代の墓とは、どのようなものだったのか。

それを一概に語ることは困難だ。墓の形態は身分をよく表す。将軍の墓と大名、一般武士の墓では、その意匠や規模は大きく異なっている。将軍の墓については第4章にて紹介するので、ご覧いただきたい。

庶民においても、経済力のある上層民の中には立派な石塔を立てる者もいた。中には大名をも凌駕する規模の石塔をもったケースもあった。一方で、下層民は相変わらず、個別の石塔をもつことはできなかった。

地域によって、石塔の普及のスピードの違いもみられた。墓石の普及は、石工の文化が醸成した京都・大坂を中心とする畿内より広がっていったと推測できる。

『墓石が語る江戸時代――大名・庶民の墓事情』(関根達人著)によれば、「畿内では一七世紀代に墓石が徐々に普及し、一八世紀前半代にはほぼ普及率が頭打ちとなったのに対し、関東・東北では、一八世紀前半に最初の墓石の建立ブームが起き、その後も一八世紀を通して墓石が広まっていく様子が窺える」とされている。

先述したように、寺請制度が完成すると、戒名にも格式が生まれてきた。「信士・信女」「禅定門・禅定尼」「居士《こじ》・大姉《だいし》」などである。

そして、「イエ」の概念が定着してきたのが17世紀後半以降の話だ。その結果、それまで被葬者が「個人」であった「墓」は、家族とその子孫が共同埋葬される「一族(イエ)の墓」へと移行した。

イエの墓は代々、継承されていく。そのため、私たちの近隣の寺院墓地や集合墓地などでも、古い先祖につながる江戸時代の墓が比較的簡単に見つけられるのである。

繰り返すが、戦国時代以降多くの庶民の墓は、土葬した上に川石を置いたような素朴なものだったと考えられる。だが、この頃から石塔の墓も登場する。関西を中心に存在する、1つの石から五輪塔を形成する一石五輪塔形式や、石仏型の墓だ。墓に使われる石材は比

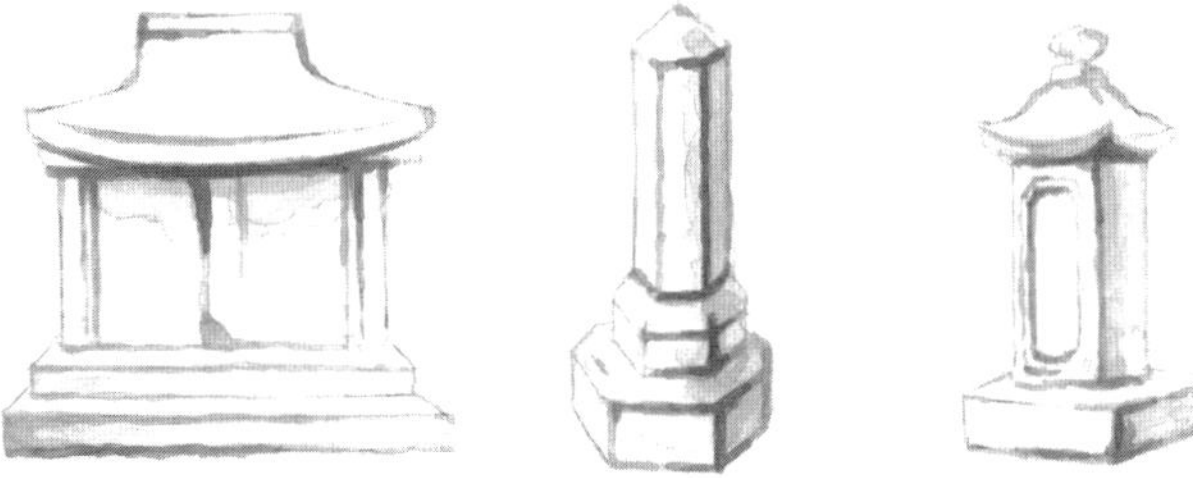

江戸時代中期以降の主な石塔

較的柔らかく、素人でも加工しやすい砂岩が選ばれた。そこには大衆の素朴な信仰のありようが見えてくる。江戸時代には、支配階級の中でも地位の優劣、信仰、与えられた戒名のグレード、あるいは個人の好みなどによって、実にバラエティに富んだ石塔が造られるようになる。

中世の支配階級の石塔は、五輪塔や宝篋印塔、板碑が多数を占めていた。江戸時代中期以降には、これらに加えて位牌型や六角柱（笠付き、笠なし）、石造の祠である廟《びょう》墓《ぼ》、現在の和型石塔に近い方柱（笠付き、笠なし）、舟型、自然石など多様な石塔が、支配階級に加えて裕福な庶民の墓にも見られるようになる。

とくに関西の墓地では、屋根のような「笠」のある石塔をしばしば見かける。江戸時代中期以降、財を成した商家では、笠付き方柱墓を好んで立てた。

武士層においても俸禄《ほうろく》によって、建立される墓の形状が異なっている。禄高《ろくだか》の高い一門、奉行、大目付といった上級武士は五輪塔などの格式の高い石塔を好み、禄高に恵まれない足軽などの下級武士は、裕福な庶民並みの方柱型石塔などを選ばざるを得なかったと考えられる。

では、被葬者はどのように埋葬されたのか。江戸時代の埋葬の形態は、土葬と火葬が混在していた。しばしば、「昔は土葬で、後に火葬になった」といわれることがあるが、これはかなり荒っぽい表現である。江戸時代に入ると、都市部では人口が急増して、墓地不足に陥ったため、大都市では火葬がかなり普及していたと考えられる。

『日本葬制史』（勝田至編）によると、近世の大坂には、道頓堀（千日）・鳶田《とびた》（飛田）・小橋《おばせ》・蒲生《がもう》（野田・加茂）・葭原《よしはら》・浜・梅田の7ヶ所に、火葬場を備えた墓地が点在していたという。大坂では火葬が大多数であった。

一方で、江戸では6ヶ所の火葬場があったものの、「火葬より、土葬が多かった」ようだ。同書によれば、江戸の下層民は2つ（1つは単身の日用《ひよう》層＝日雇いの単純労働などで生活する人びと、もう1つは裏店層とよばれる小規模町人たち）に大別されたという。そのうえで、以下のように記述している。

「単身の日用層は家族との縁も切れがちで、また江戸で檀那寺《だんなでら》をもっていないことも多かった。そのため彼らは亡くなると、日用の就職を斡旋《あっせん》していた人宿《ひとやど》などがその遺体を引き取り、人宿らの檀那寺に葬られることとなった。当然、葬法は極度に簡略化され、永続的な供養もほとんどなされない。そのありようは当時『投げ込み』と表現された。ちょっとだけ土をかぶされた棺桶が幾重にも折り重なり、墓標もたてられない——」

興味深いのは「発《あば》き捨て」と呼ばれる、「改葬」が当時見られたことだ。発き捨てとは、菩提寺に対する檀家の布施が3年程度滞ってしまった場合に、菩提寺の指示のもとに墓標と遺骨が撤去され、無縁化してしまうことを指す。

「墓地管理料3年滞納で無縁化」は、現在の霊園規定にも準ずる考え方であり、それが江戸期の「発き捨て」に端を発することが実に興味深い。一方、農山漁村では江戸時代を通じて、土葬の割合が高かったと見てよいだろう。

神仏分離によって生まれた近代の土葬墓

寺請制度によって「守られた」ようにも見えた仏教界。しかし徳川幕府の終焉と同時に、破滅を迎えることになる。明治新政府が誕生すると、神道が国教化される。一方で、仏教の世俗化が政府主導で推し進められていく。

1868（慶応4）年、神仏分離令が発せられた。これによって、それまで「神仏習合」の形で共存共栄してきた神社と寺院が切り離されてしまう。神仏分離令を拡大解釈した為政者や若者らは、寺院や仏像などの破壊に手を染めていく。仏教はいわゆる「廃仏毀釈」の憂き目に遭うのである。

また新政府は神仏分離政策の一環として、葬送の改革に乗り出す。1873（明治6）年、全国民に対して「火葬禁止令」が出される。つまり、神道式の土葬に切り替えよ、というものであった。明治初期の日本はドラスティックに、〝建前上は〟「100パーセント土葬」に変わってしまったのだ。むろん、従来の火葬の習慣を改めなかった地域は少なくなかった。とはいえ、この明治政府の土葬政策によって、東京府では墓地が不足し、公共霊園が整備された。従前の仏教寺院の火葬墓が一時的に使えなくなったことも大きかった。現在、都内の一等地にある大規模な都営霊園がそれだ。

港区の都立青山霊園は「神葬墓地」として、火葬禁止の太政官布告を目前に、土葬墓を整備する目的で造成された経緯がある。同じく都内の雑司ヶ谷、谷中などの霊園も同様の目的で造成されていった。

今でも青山霊園などを歩けば、明治初期に造られた土葬墓の名残りを見ることができる。だが、土葬墓は広い敷地が必要で、なおかつ費用がかかる。伝染病予防の観点からも、土葬は敬遠され、火葬はわずか2年で解禁となった。そして堰《せき》を切ったように、国内に火葬場が続々と造られていく。

１９１３（大正2）年、日本の火葬率は31パーセントだった。終戦後の１９４７（昭和22）年には54パーセント、１９７９（昭和54）年には90パーセントとなっている。それでも半世紀ほど前までは地方都市では土葬が10パーセントほど残っていたのだ。ちなみに現在、日本の火葬率は99・99パーセントと、世界一の火葬大国にまでなっている。

現代に残る土葬については次章で詳しく述べることとする。

オベリスクのような戦死者の墓「奥津城《おくつき》」

先祖を守るため、子孫は墓や仏壇を継承していき、いずれはその子孫も先祖になっていく――。江戸時代の寺請制度によって、人々はムラに定住することが強制された。ムラの中では、キリシタン禁制によって自らが仏教徒であることを証明する必要があった。「弔いのアイテム」として墓や仏壇が各地で普及していった背景には「保身」があった。

こうした江戸時代より続いてきた弔いの慣習は、今でも形態を変えずに続いているが、わが国の弔いが永続的である最大の理由に、戦前まで敷かれていた「イエ制度」がある。一般的には長男を「家長」とし、長男が財産や祭祀継承権のすべてを相続する仕組みだ。

この場合、先祖になれるのは、一般的には家長である。長男以外はイエから出て、新しいイエをつくり、そして、最初の先祖になる。これが、江戸時代の寺請制度以降の日本の先祖崇拝の考え方だ。

しかし例外的に「イエ」から外れ、特別に祀られた存在が、英霊である。日本の近代は、諸外国との戦争の歴史といっても過言ではない。遠く戦地において失われた若き命は、菩提寺に丁重に祀られた。

戦前、各宗門は、檀家の中で戦死者が出た場合の慰霊について、末寺に指示している。戦死者の戒名には、もれなく最高位の「院」や「居士」が与えられた。また、戒名には「義」「烈」「勇」「忠」「國」「誠」などの国粋主義を連想するような文言が選ばれている。たとえば、「報國院義烈○○居士」という名付け方である。戦時戒名は日中戦争を契機にして始まり、終戦をもって完全に姿を消している。

ましてや、日本人戦死者の葬儀や埋葬は特別扱いであった。たとえば曹洞宗の場合、末寺は本山に報告。大本山貫主からは代理が送られ、弔辞が読まれた。また将校（少尉）以上の軍人には、戒名に必ず「居士」を付けるよう命じている。しかし、太平洋戦争が始まればその制限もなくなり、戦死したすべての兵隊に「居士」が付けられた。

英霊の墓は特別なものであった。一般的な墓石は四角柱だが、軍人には「奥津城」と呼ばれる神道式の墓を立てるよう、末寺に指示がなされた。英霊は先祖代々の墓には入らない。1霊ごとに奥津城に祀られているのが特徴である。

奥津城の形状は、古代エジプトの石柱オベリスクのような、上部が尖った四角柱である。奥津城は日当りのよい、墓地の中でも一等地に立っていることが多い。戦死者は遺骨が戻ってこないことが多く、奥津城に納めてあるのは、出征の前に家族に託した「髪」や「爪」、あるいは、遺品や戦地の石などである。

奥津城は、「墓」というよりも、お国のために勇敢に戦って死したことを表明するための「モニュメント」としての意味合いが強い。同時に、永遠に戻ってこない息子の奥津城を建立し「可視化」する。そうすることによって、息子の遺骨が戻ってこないという「あいまいな死」に区切りをつけ、死を受容できた遺族は多かったに違いない。「観念的な死」よりも、目に見える「カタチとしての死」を大切にするという、墓に見る「日本人らしさ」は、この奥津城にこそよく表れていると思う。

少し話は逸れるが、わが国では敵兵をも弔ってきた歴史がある。たとえば愛媛県松山市にあるロシア兵墓地は、日露戦争におけるロシア人捕虜97人を埋葬している。墓碑は祖国に向けて北向きに建てられた。同所では、今でも各墓碑に花が手向《たむ》けられている。

近代の戦死者らは、東京・九段にある靖国神社にも祀られている。靖国神社は戊辰戦争など明治維新期の戦没者を慰霊することを目的に、1869（明治2）年に明治天皇の発願によって建立された。その後、度々の戦争で戦没者を「祖国に殉じられた神魂」として祀り、その対象数は、およそ246万6000柱にも及ぶ。ちなみに地域にある護国神社も、英霊を慰めるための神社である。護国神社は1939（昭和14）年までは「招魂社」と称し、国のために亡くなった人々を祀っていた。靖国神社は1879（明治12）年に「東京招魂社」が改められたものである。

こうしてみていくと、戦死者は菩提寺の奥津城と靖国神社の2拠点、あるいは地域の護国神社を加えれば3拠点に、非常に丁寧に魂が祀られていることになる。しかし、われわれは魂を祀るだけで遺骨の捜索を諦めているわけではない。海外に残された戦没者の遺骨収容事業は戦後から、いまなお国家事業として続けられている。

奥津城(香川県三豊市)

ロシア兵墓地(愛媛県松山市)

北はアラスカへとつながるアリューシャン列島や樺太から、旧ソ連邦、西はインド、東はミッドウェイ・ハワイ諸島、南はパプアニューギニア・ソロモン諸島周辺まで。海外戦没者はおよそ240万柱だが、戦後に収容された遺骨は128万柱（未収容遺骨は112万柱）である。海没した遺骨や、現下の対ロシア情勢などによって回収が困難な遺骨は50万柱以上あるとみられるが、国や遺族、各種団体によって可能な限り遺骨を収容する努力が続けられている。

近年は年間に収容される遺骨は1000柱前後で推移（コロナ禍を除く）している。2003（平成15）年からは、身元特定のためのDNA鑑定が実施されることとなった。DNA鑑定によって年間数十柱の身元特定につながり、遺族の元へと戻されている。

身元がわからない遺骨は、国立千鳥ヶ淵戦没者墓苑に「無名戦没者」として納骨される。現在、千鳥ヶ淵戦没者墓苑に納骨されているのはおよそ37万柱である。

無名戦没者が納骨されているのは六角堂だ。その中央に、古代豪族の棺を模した陶製棺が置かれている。重量は5トンで、世界最大の陶製品だという。この棺の中に、昭和天皇が下賜した金銅製茶壺型の納骨壺があり、戦没者を代表する遺骨が納められている。

また、六角堂の地下には戦域別の6つの部屋が設けられ、個々の骨壺が納められている。

千鳥ヶ淵戦没者墓苑では年間を通じて慰霊祭が実施されている。

また、墓苑には昭和天皇が1960（昭和35）年に詠んだ歌と、終戦60周年時に「歌会始の儀」で現上皇が詠んだ歌が「御製の碑」として設置されている。

「くにのため　いのちささげし　ひとびとの　ことをおもへば　むねせまりくる」（昭和天皇）

「いくさなきよを　あゆみきて　おもひいづ　かのかたきひを　いきしひとびと」（現上皇）

千鳥ヶ淵戦没者墓苑の陶製棺

第 2 章

滅びる土葬、増える土葬

——土葬の現在

半世紀ほど前まで、地方都市のあちこちで行われていた土葬は、現在ほぼ姿を消しつつある。葬列を組んで遺体を運ぶ「野辺《のべ》送り」もすっかり見かけなくなった。その背景には、都市化や高齢化がある。わずかに土葬文化を継承している地域はあるものの、消滅は時間の問題だ。古来の土葬は廃れつつある一方で、土葬専用墓地の整備が急務になっている地域もある。国内で増加傾向にあるムスリムのための土葬墓地である。だが、土葬を忌み嫌う人々は多く、越えなければならないハードルは高い。

土葬は禁止されていない？

わが国では土葬と火葬とが、政治的・思想的な理由によって増減を繰り返してきた。近現代においては１８７３（明治６）年に火葬禁止令が出され、建前上はいったん火葬がゼロになった。

しかし、衛生状態の悪化を懸念する声などが上がり、その2年後には火葬が解禁されている。その後は急速に火葬場の整備が進む。１９１８（大正７）年には、統計史上最大の３万７５２２ヶ所の火葬場があったとされる。大正期の火葬率は40パーセント弱であった。

土葬と火葬の割合が逆転するのは戦前の１９４０（昭和15）年、戦後の１９６５（昭和40）

年には火葬が72パーセントになって、都市部からは土葬がほぼ消えた。1980（昭和55）年には火葬率が91パーセントとなり、2007（平成19）年には火葬率は99・9パーセントにまで達した。現在まで火葬率ほぼ99パーセント以上の水準を維持している。厚生労働省『衛生行政報告例』によれば、2017（平成29）年度に火葬された死体数は138万3件だ。対して土葬はわずかに103件である。しかし見方を変えれば、わずかではあるが、土葬が残る地域があるということだ。

土葬は、半世紀ほど前までは日本の各地に残っていた。だが、21世紀に入ってからは急速にその姿を消している。現在、土葬される遺体の数は年間100体前後で推移していると考えられる。

ちなみに、現在の墓地埋葬法で土葬は禁止されていない。だが、例外的に土葬が禁止されている場合はある。それは、地方自治体の条例に土葬の禁止が明記されている場合だ。

東京都の「墓地等の構造設備及び管理の基準等に関する条例」を見てみると、「知事は、公衆衛生その他公共の福祉を維持するために土葬を禁止する地域を指定することができる」（第14条）としている一方で、「土葬を行う場合の墓穴の深さは、二メートル以上としなければならない」（第13条）と、土葬を認める条文がある。その一方で品川区や荒川区など多くの区条例では原則、土葬を禁止している。現実的には、都心部では火葬以外の選択肢はない。

なお、2011（平成23）年3月11日の東日本大震災時には、東北地方沿岸部の火葬場が被災したため、公衆衛生上の観点から、土中に仮埋葬（土葬）された例があった。だが、このような非常時でも、後に遺族から火葬を求める声が上がり、たとえば宮城県では2000体が掘り起こされ、荼毘《だび》に付されている。この事例からも、現代のわが国における土葬への禁忌は根強いものが感じられる。

伊賀に見つけた土葬墓

では現実に、土葬が続いている地域はどこにあるのだろうか。筆者が土葬したばかりの墓を取材したのが、2016（平成28）年のことだ。聞くところによれば、関西の複数の地域で、まだ細々と土葬が続けられているらしい。

そのひとつが、三重県伊賀市の小杉集落だ。忍者の里として知られる小杉集落は、かつて甲賀忍者との勢力境界にあったとされる場所だ。滋賀県との県境、鈴鹿《すずか》山地の奥深くに村落が形成されている。辺りにはコンビニやスーパーマーケットなどの類は見当たらない。

斜面につくられた美しい棚田《たなだ》、そして、昔の面影を残す蔵や農家がぽつりぽつりと建っている。今でも忍者がすっと出てきそうな風情である。

江戸期の小杉集落は130戸あったとの記録がある。だが、現在は過疎化によって77戸（2015年国勢調査）にまで数を減らした。村の中心には1軒の寺院、浄土宗の長泉寺がある。

村人全員が長泉寺の檀家だ。江戸幕府が敷いた檀家制度の下での「一村一寺」の形態が、ここ小杉集落では今でもしっかりと受け継がれているのである。神社は無住化（寺に住職がいないこと）し、近隣の神社に統合されている。

伊賀市には「伊賀市斎苑」という火葬施設がある。しかし、それでも小杉集落は土葬を頑《かたく》なに守り続ける、希有な葬送文化をもつ地域だ。

集落には「サンマイ（三昧）」と呼ばれる4ヶ所の〝土葬墓地〟がある（口絵3）。「三昧」とは現代では「贅沢ざんまい」「焼肉ざんまい」などと、「〜の限りを尽くす」いう意味で使われているが、本来は仏教用語である。「修行によって心穏やかな涅槃《ねはん》の境地に入ること」を指す。転じて、「死後の安楽の世界＝墓」という使われ方をしている。

このサンマイは「捨て墓」「埋め墓」などとも呼ぶ。両墓制ではいわゆる、魂だけが存在する「詣《まい》り墓」（「卵塔場《らんとうば》」「浄墓《きよばか》」などとも呼ぶ）と、遺体を埋める墓である「捨て墓」の2つの墓を造る（両墓制については第3章で詳述する）。

小杉集落のサンマイのひとつは、県道から30メートルほど入った先にあった。藪《やぶ》をかき分けて進むと、斜面に20メートル四方ほどの草地が広がっていた。ところどころ、木の墓標が立っているが、朽ちて倒れ込んでいるものもある。墓参りした形跡がなく、何とも寂しげな雰囲気だ。正直、長居したくはない場所である。

その中で、ひと月ほど前に埋葬されたばかりの区画を見つけた。

墓標の周囲にはシキミ（樒）と割り竹で四方結界が造られており、荘厳な浄土に見立てるための蓮の造花が供えられている。シキミはマツブサ科の樹木で、葉からは強い香りがし、実には毒があって、枯れにくい。そのため、腐臭を和らげるために棺の中に入れたり、土葬した後に地上部に結界を造ったりする際に用いられる。主に関西の墓参の際に墓に供える花として、親しまれている。

小杉集落で死者が出た場合、野辺送りによって4ヶ所あるサンマイのいずれかに運ばれる。サンマイの入り口には石の祭壇が据え付けられている。そこで導師によって引導が渡される。この時墓穴はすでに村人の手によって2メートルほどの深さ（スコップ2本分の長さが目安）に掘られている。ちなみに、墓穴を掘っているとよく、過去に埋葬された骨の一部や毛髪などが出てくるという。このサンマイに墓石を据え付けることは禁じられている。

長泉寺の住職（取材当時）は、両墓制についてこう説明した。

「サンマイで供養するのは、満中陰（四十九日）まで。その後はサンマイから魂（性根）を抜き、詣り墓に移し入れる儀式をします。詣り墓には遺骨など肉体に関するものは一切、納めません。魂《たま》抜きの際、土葬した場所の表土をひと摑み、懐紙に包んで『魂のしるし』とし、詣り墓に移します。そして遺族がお参りをするのは詣り墓だけです。サンマイに土葬された遺体について、村人は執着しません。そこに骨や肉体が残っていようが、魂はあっち（詣り墓）にあるので、参拝する意味がないのです。サンマイのほうは放ったらかしです。いずれその場で朽ち果て、自然に還っていくことでしょう」

なお、長泉寺の住職は２０１８（平成30）年11月に亡くなったが、本人の希望によって土葬された。

「遺体に執着しない」考え方は、小杉集落では古くから受け継がれてきている。

南山城村の土葬と呪術

伊賀の小杉集落から焼き物の里、信楽《しがらき》を経由し、西へ向かうこと30キロ。携帯電話も繋がらない深い山あいを車で進んでいくと、京都府で唯一の村、南山城村に入る。

南山城村は府の最南端に位置し、滋賀県・三重県・奈良県に接する。人口は約2500人、1205世帯（2023年1月31日現在）。宇治茶の生産地でも知られている。近年は移住者の誘致に力を入れている自治体だが、この20年ほどは急激な人口減少傾向にあえいでいる。

南山城村では、近年まで土葬が行われていた（口絵4）。今でも村に火葬場はない。火葬を希望する場合は近隣の自治体の火葬場を利用することになる。南山城村は、土葬をテーマにしてベストセラーになった高橋繁行『土葬の村』でも紹介された村落だ。同書では、2017（平成29）年秋に90歳代の男性が土葬されたのが最後と記述されている。

40歳代以上の村人に聞けば、多くが土葬を経験したと答える。

「子どものころに何度か土葬を経験しました。墓地に座棺を置く蓮台《れんだい》があって、棺の周りを3回回った記憶があります。最近では土葬をやったという話はあまり聞かないですが、本人や遺族が希望すれば、今でも土葬にするはずです」（50代男性）

この男性の話のように、村墓地に行けば、座棺を置いて引導を渡すための丸い蓮台が残されている。座棺の場合は死後硬直する前に遺体の膝を折っておかねばならず、大変な作業になる。

座棺を置く蓮台

村の最奥部、童仙房《どうせんぼう》と呼ばれる山間の集落に入った。童仙房は明治になって開拓された、比較的新しい地域である。当時、浄土真宗本願寺派の泥洹寺《ないおん》の1か寺が建てられたが、現在は無住になっている。南山城村の泥洹寺以外の寺の宗旨は真言宗である。

童仙房集落には山の上まで5ヶ所の墓地がある。そのうちのひとつ、山の尾根沿いの墓地を訪れた。そこではイエごとに広めの区画が整備されている。区画の中心には石塔墓が置かれ、石塔墓の周囲に土饅頭がぽこぽこと盛られている。

石塔のほうは一般的な墓石だが、土饅頭には一対のシキミが供えてあるだけ。古い土饅頭は、風雨に晒され、ほぼ崩れてしまっているものもある。区画には一族の複数人が埋まっているのは間違いないが、4代以上も前ともなれば、ご先祖様がどこに埋まっているかわからなくなる。「無常」を肌で感じる場所である。

童仙房では1つの区画に石塔墓（詣り墓）と土饅頭（埋め墓）が共存する、「土葬単墓制」をとっている。しかし、南山城村の他の集落は、詣り墓と埋め墓が離れた場所にある「土葬両墓制」を敷いている。

この違いは、埋葬地がある集落の菩提寺が「魂の存在」を認める宗旨かどうかによると考えられる。つまり、浄土真宗寺院の泥洹寺では、宗旨上「魂」の存在を認めない。そのため（歴代住職のスタンスにもよるが）、埋め墓から、詣り墓へ「魂」の遷座の儀式ができない。だから、単墓制にならざるを得ないのだ。

逆に「魂」の存在を積極的に認めている真言宗寺院の集落では、両墓制を敷いている。

南山城村では死者が出ると、座棺（近年は葬儀会館での葬式が多くなり、寝棺も多い）が用意された。座棺は村の大工がつくる。

墓穴を掘る役割は輪番制だ。使用した鍬《すき》やスコップは家に持ち帰らない。村のしきたりは、集落ごとに若干異なるが、たとえば「妊婦は葬式には参加できない」「妊婦の夫は墓穴掘りや野辺送りができない」「墓穴掘りをした者の衣服は葬儀の1週間後に洗う」「喪家の者は向こう1年間は祭りに参加できない」「厄年の時は、葬式の役をしない」などのしきたりが数多く残っている。

村の葬送儀礼の中には、呪術的な要素が多く取り入れられている。野辺送りの前後には、玄関先で柄杓《ひしゃく》を使って模擬的に「水汲み」の儀式をする。これは、柄杓を魂が入る容器に見立てて、遺体から遊離した魂を家の中に招き入れ、死者を蘇生させようとする「魂呼び」といわれる儀式だ(『南山城村史』)。同時に、家の外へ魂を出そうとする「魂送り」の儀礼もある。

さらに、玄関の敷居を中心にして2人が背中合わせに立って、餅を引っ張り合う。これは、生者と死者との決別を意味する儀式だ。

集落によっては葬儀の翌日に死者の声を聞きに、巫女の元を訪れる風習「ミコキキ」をする。集落に巫女がいなければ、かつては山を越えて三重・伊賀地方まで出向いたという。ミコキキは、東北・南部地方などでみられるイタコによる「口寄せ」と同等の儀式だが、イタコの場合は四十九日を経ない場合は魂をおろすことはできない。

余談になるが、南山城村では昭和初期まで、集落の氏神において「丑《うし》の刻《とき》参り」の慣習があったという。丑の刻参りは「ノロイ」ともいい、恨みを抱く人物に対し、藁《わら》人形などを使って呪い殺そうとする秘密の儀式のことである。

「丑の刻参りをする時は、墓場で白装束に着替え、頭には三徳をつけ、蠟燭を灯して宮サン（六所神社）に行き、木に五寸釘で藁人形を打ちつける。鉦《かね》をならすが、人に見られないように足音や人臭い状況に注意しながらした。夫の浮気や姑や村の人からのいじめに遭った時にしたという」（『南山城村史』）

南山城村で続けられてきた土葬と、呪術的な儀礼の数々は地下の奥底でつながっている。しかし今、土葬が絶えつつある中で、こうした土着的風習も風前の灯火である。

ムスリムの土葬墓地をめぐる紛争

土葬に関連していうと、国内におけるムスリム（イスラム教徒）の「お墓問題」が、深刻な状況になっている。ムスリムの埋葬法は土葬だ。しかし、国内のムスリム墓地は数が少なく、絶対的に不足している。新規に土葬墓地を造ろうとしても、住民の反対運動が起きたり、土葬が条例で禁止されていたりして、そのハードルは高い。今後、人口減少社会における労働力の担い手として東南アジアのイスラム圏（インドネシアなど）などからの外国人の流入が増えていくと思われるが、「死後の受け皿」は整っていないのが実情である。

まず、押さえておきたいのは、土葬は国際的に禁忌とされている埋葬法では決してないということ。欧米の先進諸国でも、土葬の割合のほうが火葬よりも高い国はいくらでもある。

火葬率を他国と比較すれば、米国56パーセント、英国75パーセント、フランス34パーセント、イタリア18パーセント、中国49パーセント、アラブ首長国連邦（UAE）はわずか1パーセントである。各国にばらつきがあるのは、宗教上の理由が大きい。

イスラムでは死後、肉体の復活が前提となっているため火葬を禁止している。したがって、UAEのようにイスラム教国家の場合、埋葬は土葬が基本となる。死後の復活を信じるキリスト教も同様であり、とくにカトリックでは土葬を選択する割合が高い。

同じキリスト教国でも米国・英国に比べて、フランスやイタリアで火葬率が低いのは、両国には厳格なカトリック信者が多いからである。国民の宗教性を背景にして火葬場の整備も遅れてきた。

一方、米国などでは比較的戒律の自由なプロテスタントが多いため、火葬にするケースも一定数あると考えられる。とはいえ、欧米では近年、衛生上の問題（2020年以降の新型コロナウイルスの爆発的流行なども相まって）もあり、目下火葬場の整備が進められ、火葬率も上昇傾向にある。

さて、在日ムスリムにとって、土葬墓の整備は切実な問題だ。たとえば日本人と外国人のムスリムが国際結婚をし、日本で暮らして亡くなるケースがある。また、外国人技能実習生や、留学生が国内で病気や事故などで亡くなる場合、さらにムスリムが日本で死産した場合など、様々なケースが考えられる。

現在、日本に在住する外国人ムスリムは16万人以上、日本人ムスリムは4万人以上といわれている。国別ではインドネシア、バングラデシュ、マレーシア、イラン、トルコ、エジプトなど様々だ。日本におけるムスリム人口は今後、年に10パーセントほどの割合で増えていくとの試算もある。

地域別に見ると、大分県ではムスリムが増加傾向にある。技能実習生の受け入れ先は農業、漁業関連の他、自動車やアパレルの工場など。ムスリムは貴重な労働力になっており、地域経済を支えている。また大分県には、学生・教員ともに半数が外国籍という立命館アジア太平洋大学（APU）があり、大学関係だけでも数百人のムスリムがいるといわれる。

ところが、死後の受け皿がまったく整っていない。2023（令和5）年現在、わが国におけるムスリムを埋葬できる土葬墓地は北海道、茨城県や埼玉県、山梨県など東日本に7ヶ所、西日本では京都府と和歌山県、兵庫県、広島県に4ヶ所あるだけだ。四国、九州には1つもない。

そのため、四国や九州在住のムスリムが亡くなった場合は、何百キロも離れた埋葬地（あるいは本国）へ遺体を運搬する必要が生じてくる。その費用は数百万円単位になり、その後の墓参にかかる旅費なども馬鹿にならない。墓の問題を抱える日本で、ムスリムは安心して死ねないのだ。

そんな状況に救いの手を差し伸べたのが、カトリック別府教会だった。同教会は地元ムスリムに対し、好意で土葬墓地を提供してきた。キリスト教、とりわけカトリックは原則的には土葬である。そのため別府教会は、所有する神父用の土葬墓地や、大分トラピスト修道院の土葬墓の一画を提供した。しかし、その区画数はわずか。あくまでも急場凌《しの》ぎであり、すぐに埋まってしまうことが予想された。

そこで、別府ムスリム協会はムスリム専用の土葬用地の整備を決意。日出町の民有地を購入したのが2018年のことだった。そこでは100区画ほどの整備を予定していた。

同時に住民説明会も繰り返し開かれた。先述の通り、土葬は墓地埋葬法では禁止されていない。地元の条例にも適合しているため、町長の許可があれば土葬墓地設置が可能になる。

しかし、地元住民らは反発した。町長や町議会に対して土葬反対の陳情書を提出。反対の理由は、①飲料水を湧水で賄《まかな》っているので水質汚染が心配、②米、肉、野菜、卵など地元農作物への風評被害につながる、③土葬墓の少ない西日本全域から土葬を求めて多くのムスリムがやってくることになり、土葬墓がどんどん増設されていく可能性がある——などだった。

ムスリム協会側は反論した。水質汚染に関しては、土葬予定地から水源地まで2キロも離れている。また、他の地域の土葬墓周辺では水質の問題が起きた事例はない。風評被害についても、土葬予定地の隣接地にはトラピスト修道院の土葬墓があって、これまで風評被害は出たことがない。土葬開設後の埋葬者も年間2~3人程度と見込んでいる——などと主張した。

日出町議会は住民の反対の陳情書に対し、賛成多数で採択。ただし、折衷案として土葬候補地を別の場所の町有地に移した。住民の事前協議も終え、いよいよ正式に申請すれば町が許可を出し、土葬墓地整備に取り掛かれるとみられていた。

しかし、今度は新候補地に隣接する杵築《きつき》市の住民が怒り出した。同市は「寝耳に水」として、反対の陳述書を市に提出する。そして議会が採択したため、事態は完全に膠着《こうちゃく》状態になった。候補地はたらい回しの様相を呈している。

本来、信仰に基づく墓地の整備は、技能実習生らを受け入れている地域や行政の責任だ。現状ではムスリムの人権や、信教の自由が侵害されている状態である。大分だけではない。日本は将来的には外国人労働者に頼らざるを得ない状況になる。「ゆりかごから墓場まで」整備して迎えることは、人道上当然ではないだろうか。

そんな中、ムスリム墓地の整備に理解を示し、奮闘しているのが曹洞宗の善隆寺（大分県中津市）の住職、自覚大道《じかくだいどう》氏だ。自覚氏は曹洞宗の国際的ボランティア団体（シャンティ国際ボランティア会）の元職員で、ムスリムと一緒に活動した経験をもつ。「多文化共生」を提唱し、自坊でイスラム講座を開いたこともあるほどだ。

「ムスリムは善良な人ばかり。仏教界を含め、多くの日本人に彼らのことを知ってもらいたいと思いました。しかし、特に地方都市のムラ社会の中では、なかなか理解が深まらないのが現状です」（自覚氏）

自覚氏は2021年6月、別府ムスリム協会のアバス代表や大分トラピスト修道院の院長らと厚生労働省を訪れて、信仰に基づいた埋葬が可能な「多文化共生公営墓地」の設置を求めた陳情書を提出した。土葬墓地を各都道府県に設置したり、既存の公営墓地内に土葬エリアを設けたりするなどの措置を求めた。

大分県だけでなく、日本各地で土葬に対するアレルギーは強い。水質汚染や風評被害の懸念が解消されたとしても、土葬という生々しい埋葬法が、火葬大国となった日本では心理的に受け入れがたいものになっているのだ。

自覚氏だけではない。複数の仏教寺院が、各地のムスリムの土葬墓地の整備を主導している現状がある。山梨県甲州市塩山にある「イスラム霊園」は曹洞宗の文殊院《もんじゅいん》という寺院境内にある。先代住職がムスリムに理解があり、半世紀前にムスリム専用墓地を造った。

国内最大の土葬墓地

2022（令和4）年に国内最大級の土葬エリアを設けたのが、京都府南山城村の韓国系禅宗寺院の高麗寺だ。高麗寺代表役員の崔炳潤《サイヘイイジュン》氏に会ってきた。

高麗寺は極彩色の伽藍《がらん》が特徴的な韓国系の禅宗（曹渓宗《そうけい》）寺院で、山間部に5万坪もの敷地を有している。曹渓宗は韓国では最大の仏教宗派である。高麗寺は日本における中心拠点であり、大阪市にも分院がある。韓国仏教は檀家制度を敷いていないので詳細な信者数は不明だという。だが、在日韓国人の心の拠りどころになると同時に、墓所を設けて弔いを続ける宗教空間としては、日本の仏教寺院と変わらない。

高麗寺の土葬専用墓地

高麗寺には数百基以上の火葬骨用の霊園がある。さらに霊園の拡張工事が進んでいる。一般の区画に隣接して、土葬専用墓地を造成するためである。現在、500区画ほどが整備済みだが、最大3500区画ほどを設けられるという。高麗寺霊園は、国内最大の土葬墓地である。

これほどのキャパシティがあれば、近畿一円における土葬希望者が心配する必要はなくなりそうだ。高麗寺ではムスリム以外にもキリスト教徒や儒教など、土葬率の高い宗教も受け入れる。宗教によってエリアを分けているので、どの宗旨であっても安心して眠ることができる。もちろん、日本人であっても土葬可能だ。

崔氏が土葬墓の整備に手を挙げた理由は、自身の生い立ちと、日本で一生をまっとうするムスリムの境遇を重ね合わせたからだ。在日韓国人の2世として和歌山県田辺市に生まれた崔氏は、幼い頃からいわれのない差別を受けて、希望する就職も叶わなかった過去をもつ。差別に対する反骨から、あえて日本国籍に帰化することを選ばず、現在も在日韓国人のままで通している。

崔氏は27歳の時に大阪・鶴見で自動車整備工場を起業。母親が熱心な仏教徒であった縁がきっかけで、30年前に高麗寺に招かれた。前管長（管長とは宗門の行政を管理する指導者のこと）の手助けをし、高麗寺の代表役員に就任したのが２０１４（平成26）年のことだった。当時の高麗寺は無住で荒れ放題だった。崔氏は経営する自動車整備工場ごと南山城村に引っ越し、在日韓国人の浄財で創建された高麗寺の再生に心血を注ぐことになる。

崔氏が在日韓国人のための墓地の整備を手掛ける中で、「日本には土葬ができなくて困っている人がいる」という話を聞いたのが、土葬事業を始めるきっかけになった。

「差別を受けて過ごしてきた者として、差別を受けている人の助けになろうと思ったのです。土葬墓地を造ろうと思っても、許可を得るのに地元住民から反対運動を起こされるのが現状です。死後の復活を信じるがために土葬墓に入りたいのに、墓地造成の認可が受けられない。そんな人生の最後を円満に迎えられずに差別を受けているイスラム教徒やキリスト教徒たち異教徒、異民族の人たちのお役に立てるのであればと思い、人生最後のご奉仕のつもりで土葬墓地を始めたのです」

高麗寺では２０２２（令和４）年２月から、土葬の受け入れを開始。２０２３（令和５）年現在、２体が埋葬され、生前契約はすでに20件ほど入っているという。

２０２２年12月に第１号として土葬されたのは、愛知県瀬戸市に住む日本人女性だった。彼女は一般的な仏教徒であったが、土葬を強く希望していた。全国の土葬希望者に最適の土葬墓地を紹介する「土葬の会」（山梨県）経由で、高麗寺が埋葬地に選ばれたのである。

２人目は、ムスリムのトルコ人を夫にもつ日本人女性の母（石川県在住）。娘の結婚をきっかけに、自身もムスリムに改宗したという。この女性の場合、メッカのある西方向に遺体を向けて埋葬されたという。

取材中、神奈川県在住のカトリックの夫婦が訪れ、自分達が入るための２区画を予約契約していったケースもみられた。

ちなみに、土葬費用は区画の永代使用料が25万円（別途管理費が必要）。その他掘削・埋め戻し費用などを含めれば、50万円ほどで土葬ができるという。火葬墓のように大きな墓石を設置しないので、比較的コストが安い。

九州では土葬に対する強いアレルギーがあるのに、この村では反発もない。高麗寺で大規模土葬墓の設置が可能な理由は、先述のように南山城村やその周辺地域では数年前まで、土葬が当たり前のように行われていたからだ。

南山城村は宇治茶の一大栽培地であり、一般的な農作物も多く作られている。村の共同土葬墓の近くには用水路が走っているが、水質汚染が問題になったことはこれまでない。

崔氏は地元の理解を得るため、自治体や隣接地の住民らに説明して回ったが、反対は起きなかった。

「将来的には、国際霊園の近くにムスリムの人のためのモスクも造りたい」（崔氏）

土葬墓の設置をめぐって紛争が起きる地域もあれば、受け入れる地域もある。紆余曲折の中で宗教や国境を超え、キリスト教、仏教が連携してムスリムの人を助けようとする精神が育まれていることも事実のようだ。

ミイラになって現れた福沢諭吉

話は変わるが、東京都心部でも戦前までは普通に土葬が行われ、今でも生身の肉体が埋まっている墓地も少なくない。ここでは、かの福沢諭吉の驚くべき土葬の様子を紹介しよう。

開学の祖である福沢諭吉先生がミイラになって現れる――。今から45年前、慶應義塾大学の関係者らは、にわかに信じ難いニュースに色めき立った。ミイラが発見された場所は慶應義塾大学からもさほど離れていない、東京都品川区上大崎の常光寺《じょうこうじ》だった。この時点で、その死から数えて76年が経過。諭吉は葬儀直後に土葬されており、普通ならば土に還っているはず。なのに、なぜかミイラとなって現代に現れたという。

ひとまず諭吉の死の時点まで遡ってみよう。

福沢諭吉は1901（明治34）年2月3日に脳出血が原因で死去したと伝えられている。享年68だった。葬儀は2月8日、福沢家の菩提寺である麻布十番の善福寺（浄土真宗本願寺派）で執り行われた。

通常、「葬儀」と「埋葬」が切り離されて、別々の寺で行われることはない。しかし、諭吉は生前、散歩の際、この地の眺望が良かったことから、「死んだらここに」と、現常光寺

（当時は別の寺が管理）の墓地を手に入れていた。常光寺は善福寺からは約2・5キロ離れている。

最近では、寺檀関係が煩わしいと考える人は、「好きな場所」に「好きな埋葬法」を求めるケースが増えているが、地縁・血縁がしっかりと根付いていた明治期に、自由気ままに墓を求めたのはかなり珍しいケースではなかっただろうか。こうしたことからも、諭吉がなかなかの自由人であったことが読み取れる。

明治末期、東京府内では火葬と土葬が同じくらいの割合だったようだ。土葬の場合、最初に墓に入る故人はなるべく地中深くに埋葬され、そしてその後に亡くなった配偶者や子どもらの棺を、上に上にと重ねていく。

土に埋められた遺体は2〜3年も経過すれば白骨化し、その骨もやがては土に還る。土饅頭型の墳墓の場合、盛られた土が次第に下がっていくことで白骨化したことがわかる。

諭吉は常光寺の地下で、永い眠りにつくことになった。ところが、自分の好きな場所に墓を求めたことが諭吉の死後、思いもよらない混乱を引き起こす。

先に述べたように、福沢家の宗旨は浄土真宗であった。ところが埋葬された寺は浄土宗だ。両宗は同じ浄土系とはいえ、経や教義、仏事の作法などが異なる。戒名の付け方も異なる。他宗の寺同士が仏事で連携し合うことも、よほどの例外を除いてはあり得ない。

つまり福沢家の場合、法事の際、どちらの寺が取り仕切るのかという寺同士の問題が生じることになる。浄土真宗の僧侶が、浄土宗の寺の敷地で経を上げるという、ちぐはぐなことにもなりかねない。

また、親族にとってみれば墓参りの場所が複数にまたがるという面倒も生じる。将来的には、諭吉の子どもや孫たちの埋葬場所はどうするかなど、ややこしい話が次から次へと出てくる可能性がある。

諭吉は欧米文化を日本に広め、近代日本の礎《いしずえ》を築いた、明治期を代表する知識人だ。常光寺にしてみれば、「墓所を提供した」に過ぎなかったが、諭吉の墓ができたことで、慶應義塾大学を目指す受験生やその親が合格祈願に訪れる「受験の聖地」になってしまった。学生や大学関係者が毎年、墓参りに訪れ、寺は大いに賑わっている。常光寺が本堂を建てる際には、慶應義塾大学による寄付の恩恵にも預かった。

ところが、常光寺が本堂を構えるにあたって、寺を維持管理する檀家の集まりである護持会組織が発足したことで、事態は動き出す。その会則に「常光寺に墓所をもつ檀家は浄土宗信徒であること」「信徒でなければ改宗すること」「改宗できなければ、墓を移転すること」などが明記された。決断を迫られた諭吉の遺族は、常光寺からの撤退を決める。

そうして本来の菩提寺である麻布十番の善福寺への「改葬」が実施されることになった。1977（昭和52）年5月のことだ。

改葬とは、「墓の引っ越し」のことである。「改葬」という言葉は1948（昭和23）年にできた「墓地、埋葬等に関する法律」にも出てくる。しかし、諭吉の改葬が実施された当時は、墓を動かすことはタブーであり、まだまだ一般的ではなかった。

改葬が増えていくのは、平成の時代になってからだ。諭吉の墓の引っ越しは、「改葬のはしり」といえるだろう。ともかく諭吉の墓は76年の時を経て、掘り返されることになった。

まさか、「眺めがいいので」という何気ない理由で墓を求めたことが発端となり、寺や親族、大学関係者を巻き込み、最終的には菩提寺に改葬されることになるとは、諭吉自身は想像だにしなかったに違いない。ところが、物語はそれだけで終わらない。

常光寺の先代住職や慶應義塾大学の関係者らが見守る中、諭吉が眠る墓の掘り返し作業は数日間かけて実施された。まず2メートルも掘ったところで、「福沢諭吉先生永眠之地」との銘が刻まれた石が出てきた。さらに地下3メートルの地点で、錦《きん》夫人の遺骨が出てきた。

そして、ついに地下4メートルの地点で諭吉の棺が見えてきた。棺を開け、関係者が中を覗き込むと、中は冷たい伏流水で満たされ、着物を着た諭吉が横たわっていた。

そこにあったのは、驚いたことに白骨化することなく、ついこの間亡くなったかのような姿の諭吉だった。遺体はミイラというより屍蠟《しろう》化していた。遺体が棺から出されると、大気に触れたことで急速に酸化し、みるみる緑色に変色していったという逸話も残されている。当時を知る関係者によると、諭吉の遺体には、大量の「お茶の葉」がまとわりついていたという。

「遺体が抗菌作用のある茶の葉と、冷たい伏流水に浸かった状態だったため、奇跡的に生身のまま残ったようです」（関係者）

想定外の出来事に親族は対応について苦慮し、大学関係者とも話し合ったが、結局遺族の遺志を尊重し、諭吉は荼毘に付された。そして予定通り、錦夫人の遺骨や墓石とともに、善福寺に移されている。

想像の域を出ないが、諭吉の墓の改葬が現代であれば、どういう対応が取られただろう。ひょっとすると、すぐに火葬されなかったかもしれない。奇跡的な保存状態で見つかった諭吉の遺体からは、ＤＮＡが採取できた可能性がある。あるいは、慶應義塾大学医学部に遺体の一部でも保存することが真剣に検討されたかもしれない。

　東京都内の寺院の住職に話を聞けば、古い土葬墓を改葬する際には、日本髪を結った姿の残った遺骨が出てくるケースがあるという。実は東京都内だけではなく、各地で戦前の土葬墓は数多く残っている。現代の土葬への忌避感の強さとは裏腹に、日本人は少なくとも半世紀前までは、土葬とうまく向き合ってきた民族といえるだろう。

第　3　章

捨てる墓、詣《まい》る墓

―― 消えゆく「両墓制」

わが国には故人ひとりにつき、「遺体」と「魂」とを分けて「墓」を2つ造る風習が残る地域がある。この不可思議な葬送習俗を「両墓制」という。土葬時代の名残りともいえる墓制だ。両墓制の習俗は近年、急速に姿を消しており、過疎化も影響して近い将来、完全消滅する危機に瀕している。戦後、わが国では火葬が拡大してきたことや、高齢化などで墓所を2ヶ所造ることが大変になってきたことなどが理由である。

筆者は両墓制の痕跡を求め、全国を調べ歩いた。そのすべてを網羅できるものではないが、本書ではその一部を紹介したい。そこには日本人の葬送の原風景を見ることができる。まずは両墓制とは何かについて述べていこう。

両墓制の今

両墓制を初めて学術的に取り上げたのは民俗学の大家、柳田國男といわれる。柳田は著書『先祖の話』の中で、このように記している。

「日本人の墓所《むしょ》というものは、元は埋葬の地とは異なるのが普通であった。（中略）此《この》風習を、両墓制と呼ぶことにして居る。即《すなわ》ち一方はいけ墓・上の墓・又棄て墓とさえいう土地があって、多くは山の奥や野の末、人の通らぬ海端などに送り、やがては不明になり、又そうなるのを好《よ》いとして居る処もある。之に対して他の一方には参り墓・祭り墓、もしくは内墓とも寺墓とも謂《い》うのが有《あ》って、多くは寺に托し又参拝に都合のよい設備をしている」

柳田によれば、かつて両墓制はごくありふれた葬送形態であったらしい。しかも、遺体を埋めるほうの墓、「埋め墓」（捨て墓、ミバカ、サンマイなどともいう）は、打ち捨てられてしまうことが多い。両墓制では魂が入る墓、「詣り墓」（拝み墓、キヨバカなどともいう）のほうを重視する。これが両墓制の大事な点である。

両墓制は土葬を基本とする習俗だ。地域によって両墓の形態は様々であるが、共通の概念として、遺体が埋まる「埋め墓」と、魂を祀る「詣り墓」とに分けられるのが一般的である。本書では、記述を「埋め墓」「詣り墓」に統一する。

埋め墓のほうには角塔婆を立てたり、自然石を置いたりすることがあるものの、永続的に祀る対象にはならない。多くは「放置」される。文字通り「遺体の捨て場」なのだ。石塔を建て、墓参りする対象は基本的に詣り墓のほうになる。

両墓制には、神道世界の影響がみられる。遺体は死穢であり、忌避の対象だ。清浄な魂こそを祀る対象とする、というわけである。

両墓制の全国調査を実施した民俗学者の最上孝敬によれば、終戦直後、昭和20年代における両墓制の分布の北限は青森県西津軽郡鰺《あじ》ヶ沢《さわ》町の鳴沢《なるさわ》地区であった。埋め墓は小高い丘にある土饅頭型で、板塔婆を突き立てる形態だという。埋め墓に隣接する場所に石塔の詣り墓があり、埋め墓の土をひと摑み、詣り墓に移して魂の移動とした、としている。

東北地方で両墓制がみられる集落はごく限られていた。両墓制は関東地区と近畿地区・瀬戸内地区などに集中し、九州は大分の他は離島の対馬《つしま》と奄美大島でも確認されている。

最上の調査から70年以上が経過し、各地の両墓制は現在、どうなっているのか。

北限の地、青森県西津軽郡鰺ヶ沢町鳴沢地区の詣り墓を管理していた曹洞宗高沢寺の住職に確認したところ、すでに埋め墓は存在せず、現在では詣り墓のほうに遺骨も納めているとのこと。昭和40年頃には土葬から火葬に切り替わっており、今では当時のことを知る人はほとんど存在しないという。

また、最上の記述によれば、青森県内での両墓制は他に平川市碇《いかり》ヶ関《せき》地区にみられるとしている。その記述によれば、詣り墓は浄土宗の唯称院にあり、かつてその裏手の斜面に「モリッコ」と呼ばれる土饅頭の埋め墓が存在した。

ここでは埋め墓を「上ノハカ」と呼ぶのに対し、詣り墓を「下ノハカ」といい、上ノハカには角塔婆を突き立てて目印とした。遺体を埋めてから初七日までは藁を上ノハカにもっていき、埋めた周りで火を焚き、亡くなってから四十九日までの7日ごとの逮夜《たいや》（忌日《きにち》の前後）と、百箇日にも火を焚く風習があったという。

こちらも唯称院の住職に確認をしてみたところ、半世紀前にはすでに両墓制の風習は消えており、現在では単墓制になっているという。ただし、30年ほど前に上ノハカあたりで道路を造成した時に、遺骨が出てきたため、下ノハカに改葬したという。

秋田県横手市の一部でも、戦後間もなくまでは両墓制が残っていたとの記述がある。だが、こちらも現存を確認できなかった。ただ、男鹿《おが》半島の北の付け根に位置する山本郡三種町の真言宗玉蔵寺では、石塔墓を2つ（遺骨を納める墓と戒名だけを刻んだ墓）並べている墓が残っており、ひょっとしてこれが両墓制の名残りかもしれないと、玉蔵寺の住職は教えてくれた。

岩手県や宮城県、山形県、福島県などでも両墓制は確認できなかった。東北地域で両墓制は、ほぼ消滅したと考えられる。

今も残る両墓制

だが、関東地方にはごく少数ではあるが、両墓制が残る地域がある。埼玉県内には2ヶ所、いまだに運用され続けている埋め墓が認められた。

さいたま市岩槻区古ケ場《こかば》地区と、隣接する上野地区にある両墓だ。当地域は首都圏とはいえ、アクセスがすこぶる悪く、最寄りのＪＲ東北本線蓮田駅から歩けば1時間はかかる田園地帯である。

当地には、慈覚大師円仁《えんにん》によって開かれたとされる天台宗の古刹《こさつ》、慈恩寺《じおんじ》がある。慈恩寺は坂東三十三観音霊場の12番札所に指定され、参拝客で賑わう。だが、その他には特段の観光名所は見当たらない。

同地区には高度成長期以降、花王やコカ・コーラボトラーズジャパンなどの巨大工場が進出。この地の風景を一変させた。大和ハウスグループも近年、この地で巨大物流センターを稼働させた。

その物流センターに隣接する場所に、時を忘れたような異空間があった（口絵5）。赤土でできた土壌の広さは、ざっと２００～３００坪ほどだろうか。

一見すれば空き地だ。だが具《つぶさ》にみれば、地面に花立てが突き立てられている。ところどころに古い石塔が立っていて、地面に直接刺した卒塔婆も確認できた。ここが埋め墓なのだ。現地の人は「ラントウバ（卵塔場）」と呼んでいる。

敷地に目印がないので、遺体がどこに埋まっているのかさえわからない。きっと足元の土を掘り返せば、ゴロゴロと人骨が出てくるに違いない。調査のためとはいえ、墓所に足を踏み入れることに躊躇を覚えてしまう。

埋め墓の入り口には1838（天保9）年建立の馬頭観音塔が、埋め墓の中ほどには1763（宝暦13）年建立の地蔵菩薩が立っていた。つまり、少なくとも江戸時代中期から、この地域では両墓制が敷かれていることになる。日本人の庶民の葬送の原型を知る、生きた民俗資料といえる。

この埋め墓に対応して、北東に200メートルほど行った住宅地の一角に、詣り墓があった。江戸時代の古い墓と最近建立された墓が混在している。一見何の変哲もない霊園だが、古い墓の基礎部分はコンクリートで固められており、地下の石室がない。つまり、遺骨が入っていない証といえる。

江戸時代まで、この詣り墓は永福寺という寺院の境内墓地だった。永福寺は慶長年間（1596〜1615年）にここから8キロほど南方にある弥勒寺《みろくじ》の末寺として開かれた。宗派は真義真言宗である。当時の檀家数は12軒であった。

江戸時代には村の鎮守である八幡社、神明社の別当寺（神仏習合時代に神社を管理した寺院）

として発展した。しかし、1868（明治元）年に出された神仏分離令に伴う廃仏毀釈によって、永福寺は廃寺になった。この際、檀信徒は永福寺の本寺である弥勒寺に組み込まれ、現在も埋め墓と詣り墓の管理は弥勒寺が行っている。

古ケ場地区と隣接する上野地区でも両墓制が認められた。上野地区の詣り墓は、宝生院《ほうしょういん》という無住寺院の境内地にある。埋め墓はそこから200メートルほど南に離れた場所に見つかった。こちらの埋め墓は、ツツジの生垣によって一区画ごとに分けられている。先の上野地区の埋め墓とは異なり、きちんと管理されているようだ。石塔はなく、1つの区画は長細い。寝棺を土葬した名残りといえる。それぞれの区画の前に花立てと線香立てだけが置かれている。

この埋め墓は、宝生院を兼務する真言宗智山派の西福寺が管理している。西福寺住職によれば、40年ほど前までこの地には土葬が残っていた。4人がかりで棺を担ぎ、地中深くに埋めたという。火葬に切り替わった現在でも、火葬骨は骨壺に入れた状態で埋め墓に入れられるという。そして、満中陰（四十九日）を迎えると、詣り墓に魂を移す。

しかし、30年ほど前から埋め墓の一角に、一般的な墓がぽつぽつと立ち始めた。この地でも両墓制が崩れつつあるようだ。しかし、今までよくぞ両墓制を保ち続けてきたものだと感心した。

両墓制における葬送の方法

両墓制が残る集落は、関西ではその密度を濃くする。特に滋賀県は、全国でも特に両墓制が色濃く残る場所といえる。琵琶湖の東岸にあたる東近江市、近江八幡市、湖西の高島市や南部の甲賀市などに、個性的な埋め墓が現存している。

近江盆地に位置し、中山道や伊勢道が通る東近江市五個荘《ごかしょう》は、近江商人発祥の地として知られている。今でも古い商家が多く残り、歴史的な街並みの風情が漂う。町を南北に貫く愛知川のほとり、奥町《おくちょう》は100戸ほどからなる長閑《のどか》な田園集落だ。集落の北の外れに、規模のかなり大きいサンマイ（埋め墓）を発見した。

ざっと見渡しただけでも200～300基ほどの角塔婆が立っている。倒れ、朽ちている角塔婆も少なくないが、最近埋葬された新しいものも見える。遺体が埋まる場所には愛知川の丸石が積まれている。サンマイを管理する寺院のひとつ、浄土宗・浄光寺で話を聞いた。浄光寺はサンマイから200メートルほどの位置にある。

住職によれば、サンマイは奥集落の他に、伊野部、下野、平阪の4つの集落で共同利用されているという。サンマイの区画を集落ごとに4つに分け、中央に伸びる参道の奥に「南無阿弥陀佛」の名号碑と、引導を渡す棺台がある。

この埋め墓（捨て墓、サンマイ）に対応し、浄光寺を含めた五個荘内の6つの寺の境内墓地に詣り墓がある。宗派の内訳は浄土宗が4か寺、浄土真宗本願寺派が1か寺、黄檗宗《おうばくしゅう》が1か寺だ。

かつては北地区の小幡、竜田集落にもサンマイがあった。しかし、現在では墓標は残っておらず、原っぱ状態になっている。町内では奥集落だけが、両墓制の機能をしっかりと残している。

とはいえ、土葬はこの20年ほど行われていないという。浄光寺では2003（平成15）年、80代の男性の檀家が土葬を行ったのが最後だ。五個荘では1979（昭和54）年に町営の火葬場ができて以来、土葬から火葬にシフトしているのだったが、この男性は、

「焼かれるのは絶対にイヤ。火葬せずに野還り（サンマイに埋葬すること）したい」

と頑《かたく》なに土葬にこだわり、このような遺言を残していたという。そして、その希望に沿ってムラの人々は葬式を営んだ。

この地での葬送は、手厚い。死亡直後、自宅に僧侶3人がやってきて枕経《まくらぎょう》が営まれる。

1人は導師、残る2人は伴僧である。枕経で複数の僧侶がおつとめをするのは珍しい。通夜でも僧侶が3人、出仕する。その後、自宅を出棺。棺は輿《こし》に乗せ、白装束で野辺送りをし、菩提寺に運ばれる。ちなみに棺は縦長の直方体の座棺である。

菩提寺で実施される葬儀は、さらに手厚い。僧侶は1導師4役が参加する。葬儀が終わると、再び野辺送りの葬列を組んで、サンマイへと運ばれ、埋葬される。火葬骨の場合は、埋葬後にはハイソウマイリ（灰葬詣り）と呼ばれる菩提寺参りがある。

なお、湯灌《ゆかん》が済んだ後、遺体の髪の毛と爪の一部が切り取られる。こちらを、菩提寺の境内墓地にある詣り墓に納めるのである。浄土真宗の場合は、髪と爪を本山納骨することが多い。本山納骨とは、宗祖親鸞の墓所大谷本廟（大谷派は大谷祖廟）に遺骨の一部、もしくは全部を納めることである。

墓穴は、さほどは深く掘らない。葬儀の前日に、1メートル50センチほどの深さの穴を掘っておく。埋葬する区画は、家々で大体の場所が決まっている。墓穴を掘った際には、過去の埋葬者の骨が出てくることが多い。

座棺を埋めるとその上に川石をしっかりと積み、笠付きの角塔婆を立てる。川石を積むのは、この地が愛知川の畔《あぜ》で伏流水が流れ込んでおり、水量の多い時期には棺が浮いてくるのを圧《おさ》えるためだ。土葬地は年月を経ると棺が腐って、いずれ陥没する。すると、さらに石を積んでその穴を埋める。

角塔婆には「光明《こうみょう》名号《みょうごう》　摂化十方《せっけじっぽう》」（念仏を称える者は、阿弥陀仏の光明によってすべて救われる）と記される。

葬儀の後、四十九日までの中陰期間には7日ごとの法要が行われる。7日ごとの法要は、昔は全国的に実施されていたが、都市部でこの慣習はほとんど途絶えている。たいていは初七日と四十九日の満中陰のみを実施するが、初七日も葬儀直後の「式中初七日」にまとめられることが多くなってきた。

満中陰法要の後は、基本的にはサンマイへは参らない。石塔が立つ詣り墓が墓参の場所となる。とはいえ、サンマイは常に草引きが行われて美観が保たれている。中には花を供えに来る遺族もいる。この集落ではサンマイへの立ち入りはタブーではない。

奥集落では火葬骨による両墓制が色濃く残っているとはいえ、それも次第に崩れつつあると浄光寺住職は言う。近年は詣り墓に納骨する（単墓制へ移行する）ケースや、埋め墓と詣り墓を残したまま、共同墓地に3つ目の石塔墓を立てるケースなどが散見されるという。

野辺送りの葬列

東近江市の西に隣接し、琵琶湖を望む近江八幡市にも、複数のサンマイが現存する。中小森町には古い土饅頭が畑の中に残されていた（口絵6）。

このサンマイは200メートルほど離れた興願寺《こうがんじ》（天台真盛宗）1か寺が管理している。砂で高さ30センチメートルほどに土饅頭が盛られ、角塔婆が突き立てられている。一部、寝棺型に土が盛られていた。先述の東近江市五個荘奥町の埋め墓のような石積みは見られない。

半世紀前に火葬場ができてからは、このサンマイは使用していないという。詣り墓である境内墓地に、火葬骨を納骨する一般的な単墓制に切り替わっている。サンマイは維持・管理されて残ってはいるものの、両墓制の習わしは崩壊してしまったのだ。

一方で、中小森町で受け継がれてきているサンマイは忌避の場ではない。春秋の彼岸や盆には埋め墓、詣り墓両方のお参りをするという。その際、草引きをして、土饅頭が雨風で浸食されて崩れていれば、その都度盛り直し、サンマイの景観を維持している。

琵琶湖の対岸、湖西地方はさらに色濃く両墓制が残っている。車窓から注意深く田園地帯を見回していると、角塔婆が立ち並ぶサンマイを見つけることができる。サンマイが残っているということは、比較的近年まで土葬が続いていた証でもある。

この地における土葬から火葬への切り替わりは1990年代初頭だという。それまで集落で死人が出れば、クジで2人の墓穴掘り係を決めた。この墓掘りのことを「オンボサン（御墓さん）」「ノユキサン（野行きさん）」「ノノシュ（野の衆）」などと言った。葬送におけるオンボサンは名誉な役回りであり、葬式では上座に座った。

葬儀が終わると、埋め墓へ向かう出棺となる。この際、野辺送りの葬列が組まれる。葬列の役付けは地域によって異なるが、たとえば高島市今津町では次のような順番で葬列を組んだ（括弧内の関係は故人との間柄）。

1. 鉦（導師が葬式場に入ったら鉦を鳴らす役、集落内の親戚）
2. 先火（草履《ぞうり》を履いてアサギを束ねた松明《たいまつ》の先端を焼いてもつ、本家筋の世帯主）
3. 幟（竹の先に布を垂らした幟をもつ、集落内の親戚）
4. 花輪
5. 盛花（集落内の親戚）
6. 僧侶

7. 四花（甥）
8. 鶴亀（燭台《しょくだい》をもつ、妻の実家の世帯主）
9. 香炉（長女）
10. 昼飯（長男の長男の妻）
11. 鋤台《すきだい》（次男の妻）
12. 位牌（長男の長男）
13. 写真（長男の長女）
14. 提灯《ちょうちん》（孫）
15. 送り（竹の杖を持ち棺に結えた白いサラシを引く、親戚の女性）
16. 持方（草鞋《わらじ》を履いて棺を運ぶ、子と娘婿）
17. 添輿《そえごし》（棺桶を両側から支える、従兄弟の子）
18. 天蓋《てんがい》（棺の上を飾る、長男の妻の兄）
19. 提灯（棺の前後を照らす、孫）
20. 花籠（集落の親戚）
21. 送り

（平成2年1月に行われた野辺送りの事例、「今津町史　民俗編」より）

高島市安曇川町《あどがわ》では、土饅頭型のサンマイが現存しているのを複数発見した。いずれも土葬から火葬に切り変わった今なお、火葬骨をサンマイに納める遺族がいる。

今在家集落のサンマイは琵琶湖へと流れ込む鴨川沿いにある。その入り口には、六地蔵と太平洋戦争時の英霊墓がある。英霊墓には遺骨を入れずに魂だけを祀ることがほとんどだ。したがって、英霊墓は詣り墓のほうに設置されそうなものだが、なぜかサンマイのほうにある。

今在家の集落は、ここから500メートルほど離れた場所にある。80軒ほどの小さな集落である。2つの寺院（天台真盛宗、浄土真宗本願寺派）と1つの神社がある。かなり離れているので、集落の人は滅多にサンマイにはやってこない。詣り墓は、集落の中の貴布祢《きふね》神社の隣接地にある。

ここのサンマイは独特で、埋葬地にロードコーンのような円錐型の構造物が立っている（口絵7）。この構造物は、鴨川の岸に生えている竹を割って細工する。一部、金属製の園芸用支柱で円錐《えんすい》形にしているものもある。この割竹は埋葬後、すぐに設置されるという。いずれ朽ちてしまったら、角塔婆を立てたり、板塔婆を束にして墓標とする。

割竹を設置するのは「墓をイノシシなどの動物に掘り返されないため」や「埋葬場所を忘れてしまわないため」だという。割竹の構造物は同じ安曇川町の上小川集落でも確認できた。

高島市に残る埋め墓（サンマイ）

今在家のサンマイは前記のように、天台真盛宗の什善寺《じゅうぜんじ》と、浄土真宗本願寺派の正覚寺《しょうかくじ》の檀家が共同で利用してきた。両方の宗派ともに本山納骨する習わしがあるので、什善寺の場合は大津市坂本の西教寺、正覚寺の場合は京都の西本願寺大谷本廟に分骨する。そのうえで、集落の中にも詣り墓を設ける。だが、5年ほど前に、正覚寺が霊園を整備。それをきっかけにして、改葬が進んでいるという。

「賽の河原」のような埋め墓

四国に向かって瀬戸大橋を渡っていると、右手に塩飽《しわく》諸島（香川県）と呼ばれる島々が目に飛び込んでくる。塩飽諸島は大小28の有人、無人島からなる。

塩飽という地名は「潮《しお》が湧く」を語源とし、この海域は渦を巻くほど潮流が激しい。同時に古くから海上の要衝であった。織田信長や豊臣秀吉、そして徳川家康は操船に長けた塩飽水軍に軍務や海運を担わせるとともに朱印状を交付し、1250石の領地を与えて庇《ひ》護《ご》した。塩飽水軍は幕末まで独自の自治制度を敷いて、島々は大いに繁栄していた。

そのため水夫や、船大工から転身した大工がこの島々に定着した。幕末に太平洋を横断した咸臨丸《かんりんまる》には、塩飽諸島出身の優れた水夫が多く乗船したことで知られる。日本の西洋化を下支えした水夫たちは、塩飽の人々の誇りでもある。

筆者が訪れた時、塩飽28島のうち本島、佐柳《さなぎ》島、高見島、粟《あわ》島、志々島の5島で両墓制を確認できた。瀬戸内海全域に目を向けると、高度成長期くらいまでは淡路島や小豆《しょうど》島、また現在はアートの島としても知られる豊《とよ》島などでも両墓制が敷かれていたが、いずれも消滅してしまっている。

ここで改めて、両墓制消滅の理由を述べておきたい。両墓制が消滅しやすいのは、埋め墓に大きな石塔を立てないからだ。いや、正確にいえば石塔が「立てられない」のである。

土葬すると、遺体や遺体を入れた棺は時間の経過とともに腐敗し、地下に空洞ができ、そのうち地上が陥没する。土葬墓の場合、遺体の上に重い石塔を置くと傾いてしまうのだ。埋め墓はこのような理由で、木製の角塔婆を立てるか小石を積む、あるいは土饅頭だけの簡素なものとなる。だから、埋め墓の墓域は集落の人が葬式の度に利用し、常に管理していかねば、すぐに自然に戻ってしまう。

戦後の急激な火葬場の整備が、両墓制の文化に影響を与えた。そもそも土葬を前提としているのが両墓制だ。土葬遺体に替わって火葬骨を埋め墓に埋葬することで、かろうじて両墓制の習俗を維持するケースもあるが、近年では葬式を機に詣り墓に集約してしまうことが多い。つまり、一般的な単墓制へと移行しているのだ。

さて、話を塩飽諸島の両墓制に戻そう。それぞれの島によって、埋め墓の形態は様々である。中でも規模が大きく、比較的きちんと管理されている印象があったのが佐柳島（香川県仲多度郡多度津《たどつ》町）の埋め墓である。

佐柳島は香川県と岡山県を隔てる瀬戸内海の中間付近にある、周囲6・6キロほどの小さな島だ。多度津港から船で1時間ほどかかる。人口は60人ほど。島の人口のピークは1945（昭和20）年の2106人。2000（平成12）年時点の人口は166人で、激しい人口減少傾向にある。

昭和の時代は除虫菊の栽培が佐柳島の主たる産業だった。それも高齢化と人口減少によって衰退。近年は地域ネコが増えたことで、「ネコの島」として知られ、観光客が集まるようになっている。島には1寺2社（八幡神社、大天狗《だいてんぐ》神社）がある。島は、長崎と本浦《ほんうら》と呼ばれる2つの集落で構成されている。ところが、バスなどの集落をつなぐ交通機関はない。ひとたび島に渡れば歩いて移動するしかない、不便な島である。本浦地区には真言宗醍醐派の乗蓮寺《じょうれんじ》がある。島には弘法大師信仰が根付いており、島民は四国本土の善通寺など空海ゆかりの聖地への巡礼を熱心に続けている。古くから島では加持祈禱も行われてきた。半世紀ほど前までは「雨乞い」や「虫送り」といった呪術的な宗教儀式もみられた。虫送りとは、農作物に害虫がつかないよう祈願する祀りごとである。また、戦前には巫女がいたとの記録も残っている。

北部の長崎集落の外れの海岸線沿いに、まるで賽《さい》の河原を思わせる荒涼とした風景が広がっていた（口絵8）。墓域全体が小さな丸石で埋め尽くされ、ところどころ石積みが見られる。ここが埋め墓である。佐柳島では埋め墓を「ハカバ」と呼び、詣り墓を「セキトバ（石塔場）」あるいは「ダントーバ（卵塔場）」と呼んでいる。長崎集落の両墓は、香川県の有形民俗文化財に指定されている。

この墓地は、もとは洲鼻《すばな》と呼ばれる、海に向かって突き出した砂洲の上に造られたが、現在は護岸工事が施されて洲鼻の形跡はなくなっている。

この埋め墓は「積み石型」だ。遺体を埋葬したうえで海岸に転がっている丸石を積み、中心には高さ30センチメートルほどの小型の石碑を立ててある。石を積むのは、腐臭の防止と死霊が出てくるのを抑え込むためである。

石碑はすべて西の方角を向いている。西方極楽浄土を意識しているのだ。

完全に崩れてしまった石積みもあり、個々人の墓域を見極めるのは困難だ。墓域全体にゴロゴロと小石が転がっており、どこにどの先祖が埋まっているかは特定できない状況である。しかし、そんなことに島民は頓着《とんちゃく》しない。筆者の足の下にも、きっと遺体が埋葬されているはずだと思いながら、調査を続けた。

先に詣り墓に手を合わせ、埋め墓に参る

佐柳島の古い葬送の習わしでは、島民が臨終の局面を迎えると、死にゆく者の名前を大声で叫ぶ「ヨビイケル」を行う。これは、一般的には魂《たま》よばいと呼ばれている。蘇生を願っ

て行う呪術的な民間信仰で、沖縄などでみられる習俗だ。

遺体は血縁者によって湯灌がなされ、首と膝とをしばったうえで座棺の中に白装束を着た状態で納められる。葬式の朝には縁者によって、埋め墓に墓穴が掘られる。出棺後は野辺送りの葬列が組まれ、埋め墓へと向かう。埋め墓では、地蔵尊の周りを3周回り、血縁者のみで埋葬される。

墓穴の場所は、先祖の近くとされているが、時に先に埋められた人の骨が出てくる。それは新亡《しんもう》（その年に亡くなった人）の埋葬時に一緒に入れることになっている。その際、桐材でできたデコ（ジゾウ＝地蔵ともいう）と呼ばれる40センチメートルほどのコケシのような人形を棒の先につけて、埋め墓に突き立てる。

埋葬が終わると、血縁の遠い者から「一切振り返ることなく」集落へ帰っていく。その際、履いていた草履を脱いで墓に置いて帰る。

自宅に戻る（あるいは初七日の時）と、遺体が置かれていた居間の部屋の中央にひと把《つかみ》のススキ（あるいはササ）を立て、それを取り囲み、念仏をあげる。ススキは野原（芒原）を意味する。すると死者の魂は、戻る場所がなくなったと思って、詣り墓へと向かうというのだ。これが、佐柳島の葬式・埋葬の一連の流れである。

埋め墓の石碑には俗名を刻み、詣り墓のほうには戒名が彫られている。これは此岸（この世）と彼岸（あの世）とを分ける意味があるのだろう。いくつかの埋め墓には、シキミ（樒）が供えてあり、この日はお参りをする老婆の姿もあった。墓参りの手順は、先に詣り墓に手を合わせ、その後、埋め墓に参るのが決まりである。

各地の埋め墓は、埋葬後四十九日をきっかけに、立ち入りを禁忌とすることも多い。この佐柳島もそうだ。葬式の後、埋め墓で7日ごとの供養を満中陰まで行う。その後は、埋め墓への立ち入りはタブーになり、百箇日法要以降、弔い上げ（一般的には三十三回忌か五十回忌）までは詣り墓が供養の場所になる。

筆者が訪れた時は、デコは確認できなかった。埋め墓を利用する島民が少なくなってきているのかもしれない。

塩飽諸島では高度経済成長期、対岸の香川県内に火葬場が整備されていくと、徐々に土葬が減っていった。土葬がかろうじて残っていたのは1980年代までである。それでも火葬骨を埋め墓に納めることを続けたが、近年は詣り墓のほうに納骨、つまりは単墓制になってしまったり、島外に一般的な墓をもったりすることが多くなっているという。これは佐柳島に限らず、両墓制が残る塩飽諸島全体にいえることである。

佐柳島では詣り墓と埋め墓が隣接する

詣り墓のほうはこの埋め墓と、狭い通路を挟んで隣接している。こちらは一般的な石塔型墓地である。原則的には詣り墓には遺体は埋めないが、先述のように近年では火葬骨を詣り墓に納骨する単墓化も進んでいる。

次に島南部の本浦地区を訪れた。本浦地区にも両墓制が存在する。ここも埋め墓と詣り墓が隣接している。しかし、長崎地区と異なる点は寺（真言宗醍醐派乗蓮寺）の境内墓地に両墓が存在していることだ。

海に面する高台に乗蓮寺があり、海側の斜面に詣り墓がある。さらに海岸線に沿って、埋め墓が延びている。長崎地区の埋め墓に比べて、崩れた積み石が多いように見えるのは、近年、台風の大波にさらわれたからだという。

いずれにしても、佐柳島では土葬から火葬に切り替わっても、両墓制にこだわりをみせる島民もいる。しかしながら、現在ではほとんどが対岸の多度津町や丸亀市内の葬儀ホールで葬式をするようになった。遺骨となって島に戻ってくるのはよいほう。島では墓を将来的に護れないという現実に直面し、本土に一般的な単墓を設けるケースが多くなってきている。

佐柳島と四国の間にある高見島でも、海に面した浦集落と浜集落の2ヶ所に両墓制を見ることができた。埋め墓と詣り墓とが隣接した形態は佐柳島と同じだが、積み石型ではないようだ。自然石が遺体埋葬地にいくつか置かれた素朴なものである。

「霊屋《たまや》」という死者の家

1993年の映画『男はつらいよ　寅次郎の縁談』や、2004年に公開された『機関車先生』のロケ地として知られるのが志々島（香川県三豊《みとよ》市）だ。周囲3・8キロの小さな離島である。「花の島」で知られ、かつては花卉《かき》栽培で潤った。終戦直後に島の人口はおよそ1000人を数えたが、現在は20人を切った。島のほとんどが高齢者だ。志々島は標高109メートルの小高い丘があり、南東斜面に集落が集まっているが、ほとんどが廃屋と化している。

この志々島、両墓制をとる塩飽諸島の島の中でも一風変わった埋め墓で知られる。港に面して埋め墓があるのである。

通常、埋め墓は死穢を嫌う理由で、人目のつかない森や、先述の佐柳島のように集落の奥に造られることがほとんどだ。だが、志々島の場合は、島の玄関口に土葬墓が広がっており、そこを通らないと集落に入れない。一方で、詣り墓のほうは集落を挟んだ山腹にある利益院（廃寺）の裏手にある境内墓地である。

本来は詣り墓のほうが清掃、管理されているものだが、筆者が訪れた時には詣り墓は雑草が生い茂り、立ち入るのも難しいほど荒廃していた。

利益院は小さい離島の寺院にしては立派な伽藍《がらん》建築で、海鼠壁《なまこかべ》も残されていた。高度成長期あたりまでは裕福な檀家に支えられ、繁栄していたに違いない。だが1981（昭和56）年以降は無住となり、現在では完全に墓の管理が行き届かなくなっているようだ。利益院の建物は老朽化が激しく、崩壊の危機にある。2018（平成30）年7月の西日本豪雨の際には寺の南側斜面が崩れた。

対照的に、埋め墓のほうは墓とは思えない景色をつくっていた。屋根がカラフルなペンキで塗られた小屋のようなものが多数、立ち並んでいる（口絵9）。その多くがブルー系の色に塗られ、何ともフォトジェニックである。この島では、島人はむしろ、埋め墓のほうに参拝するようだ。これは、西日本を中心に点在する両墓制の中でも特殊である。小屋は「霊屋《たまや》」と呼ばれる、死者の家である。霊屋はいずれも港がある南の方角に開いていて、すだれが垂らしてある。霊屋の中には位牌《いはい》が安置されている。

志々島の霊屋（香川県三豊市）

志々島では遺体を埋葬すると、その上を苫《とま》で覆う。そして満中陰（四十九日）をもって、霊屋を立てる。そして、すだれのある前方以外は卒塔婆で囲む。

埋め墓は造花などが供えられているが、傾いたままの霊屋も少なくなく、島外移住や高齢化によって管理が行き届かなくなっている実情を伝えている。

ぎっしりと建てられた石塔

次に志々島を離れ、東隣にある粟島へと向かった。粟島は3つの羽のスクリューのような形をしている。元は3つの島だったものが砂洲でつながったからである。周囲は16キロメートル。塩飽諸島の中では広島、本島に次いで3番目に大きい島だ。

粟島は1897（明治30）年、日本で最初の海員学校ができた島である。ミントグリーンの校舎が現存しており、島のランドマークになっている。この海員学校は明治期以降の西洋化に伴って、外洋に出る汽船の免許が必要になったため国策として造られたものだ。この学校に塩飽諸島全域から若者が集まり、水夫となった。高度成長期には石油などの資源を運ぶ外洋船の乗組員を、粟島海員学校から輩出している。

しかし、近年は生徒の数を減らし、1987（昭和62）年に廃校になった。現在は、粟島海洋記念館として一般開放されている。

島には3つの部落があり、人口は170人ほど。この20年間で半減している。移住者を除けば最年少の島民は50代で、多くが70歳以上である。この島も近い将来、無人島になる運命を抱えている。

そんな激しい人口減少の渦中にあって、島で唯一の寺、真言宗醍醐派の梵音寺《ぼんのんじ》はおよそ20年前に無住になった。島民のほとんどは梵音寺の檀家で、一部、浄土真宗の門徒がいるという。

粟島の両墓制は塩飽諸島の中でもまた、独特である。遺体を埋めた上に、コンクリートブロックなどで基礎をつくり、1メートル四方ほどの舞台を据え、四方に鳥居を設けて結界とする。中央には霊屋（小屋）を置く。霊屋を置く形態であるのは志々島と同様だが、志々島のものがペンキ塗りでモダンな風合いなのに対して、粟島は白木でこしらえており、

粟島の埋め(捨て)墓(香川県三豊市)

粟島の詣り墓

まるでミニチュアの神社建築のようである。埋葬後は、板塔婆とシキミ（樒）を供える。

島で最も大規模な埋め墓は、梵音寺に隣接する山の斜面にあった。近くの建物の中には、引導を渡すための棺台や、棺を運ぶ台車など土葬時代の葬具が残されていた。しかし、舞台や霊屋はほとんど原型をとどめておらず、基礎だけが残されている状態だ。一部、竹林に飲み込まれている。この島の習俗を知らない人がこの地を訪れても、山林に捨てられた産業廃棄物にしか見えないかもしれない。

筆者が島をめぐると、島の西側に位置する竹の浦集落に、1ヶ所だけかろうじて原型を留めた埋め墓が残されていた。ひょっとして、この墓が粟島最後の埋め墓になるのかもしれない。

粟島では、土葬による完全なる両墓制が保たれていたのは35年前くらいまで。本来は寝棺での土葬であったが、埋葬地が減ってきた頃に座棺になったという。

1985（昭和60）年頃、四国本土の香川県三豊郡詫間《たくま》町（現三豊市）に火葬場ができてからは、徐々に島での葬式が減っていった。2020（令和2）年以降の新型コロナウイルスの流行によって、島の葬式の規模はますます縮小し、多くは丸亀市内の葬儀ホールでの家族葬になっている。

島の女性に話を聞くと、土葬時代の話をしてくれた。

「40年ほど前の父の葬式の際は土葬でした。昔のしきたりのまま両墓制のお墓を造りました。当時、土葬する際に前のほうの棺が出てきて、中を見ると屍蠟化していてびっくりした思い出があります。しかし、今では火葬骨を埋め墓に入れることも少なくなりましたね。今後は私のイエでも、両墓ではなく、普通の石塔墓にお骨を入れることになると思います」

粟島では埋め墓が山手にあるのに対し、詣り墓は300メートルほど離れた港の近くにある。先述した志々島では「海辺に埋め墓、山手に詣り墓」の形態だが、粟島は逆の形態である。

石塔は過密状態で、墓の前に人ひとりが立つのがやっと。腰を屈めることも難しいほどである。そんなぎゅうぎゅうの墓地を見渡せば、高さ2メートルを超すような大きな宝篋印塔や五輪塔もある。島が裕福だった時代の名残りだろう。

消えゆく埋め墓

瀬戸大橋の中ほどを通っていると、東側に大きな島が見えてくる。本島である。

本島（香川県丸亀市）は塩飽水軍の本拠地として栄えた、塩飽諸島の中心的な島だ。周囲

16・4キロメートルと、広島に次いで2番目に大きい。島の北東部笠島地区からは瀬戸大橋全体が眺望できる。また、江戸時代後期以降に造られた伝統的建造物の町並みが残っている。

歴史の舞台でもあり、魅力的な観光資源がある本島だが、この20年間を見るとこの島でも急速に過疎化が進んでいる。現在は160世帯、280人ほどが暮らしている。2000（平成12）年では人口768人を数えていた。

現在では漁業が主な産業であるが、高齢化と担い手不足によって、島の経済を維持していくことが困難な状況となっている。寺院は3か寺あり、うち2か寺が無住である。

島の北東部甲生《こうしょう》地区と呼ばれる海岸線沿いの場所に、埋め墓が残されていた。島内で両墓制が残る集落はここだけである。丸亀市によれば、江戸時代中期以降、本島の両墓制は姿を消し始め、甲生地区だけがその姿をとどめている。だが、塩飽諸島の両墓の中では比較的きちんと管理されており、整然としていた。

まず、墓域の入り口に石柱でできた門がある。此岸（この世）と彼岸（あの世）とを分け隔てる結界だ。門をくぐると、大きな地蔵菩薩がある。地蔵菩薩の前に、埋葬直前の遺体に引導を渡すための棺台がある。

埋め墓の数はざっと100基はあるだろうか。土葬した後、ゴツゴツした数個の自然石を置いただけで墓標はない。それはまるで古代のストーン・サークルのようでもあった（口絵10）。実に原始的な墓である。

佐柳島の埋め墓のように墓域全体が小石で埋め尽くされているのに対して、本島では砂地に自然石を置き、花立てを差している。ところどころ生花が生けられているので、本島の埋め墓では墓参の風習があると考えられる。

島の人々はこの埋め墓のことを「センゾ」と呼んで祀る一方で、集落の中心部や寺院墓地に詣り墓を設ける。埋め墓と詣り墓が離れた場所にあるのが、本島の両墓制の特徴だ。詣り墓は、寺の境内墓地か村の集落墓地に設けられている。

この島でも、土葬の風習は対岸の四国の火葬場の整備によって半世紀ほど前に消えている。火葬場の整備とともに、墓域の隅のほうに一般的な石塔墓の区域が造られている。石塔墓は平成の後半以降に立てられた比較的新しいものが多い。今後は、より石塔墓の割合が増えていくことが推測できる。

小屋には埋め墓を管理する自治会の名簿札が掛けられていた。それによると、2021年度におけるこの墓所の利用者は17人だった。そして、名簿札の下にこう書かれていた。

「島外在住の方にお知らせ
自治会内が高齢者の人が多くなり、草取り掃除もままならなくなってきましたので、この墓地にお墓、石碑のある方々に年間五千円程度を自治会長又は組長に納入するようにお願い致します。又新しく石碑を建立の方は別に一万円を納入下さい」

この看板が、若い人の島外移住が進み、島の両墓制を維持できなくなってきていることを教えてくれていた。

第　4　章

権力と墓

——生き様を映し出す鏡として

日本の墓制の歴史を牽引してきたのは、時の権力者たちだ。古墳時代が終わり薄葬文化が広がると、貴族は好んで石塔墓を立てるようになる。その後、登場した武士も貴族の葬送にならっていく。特に戦国時代に活躍した「三英傑」と呼ばれる織田信長、豊臣秀吉、徳川家康の武将の墓は彼らの生き様、死に様を映し出す鏡である。また、天皇や皇族の陵墓や陵墓参考地は全国に900ヶ所にも及び、その形態は巨大古墳から納骨堂タイプに至るまで幅広い。その実、天皇陵が治定《じじょう》したのはさほど古くはない事実に突き当たる。

武将の墓は意外と質素？

墓の規模は、必ずしも権力の強さに比例しない。武将の墓は知名度の割に質素なものも多い。たとえば、鎌倉幕府をひらいた源頼朝の墓は、鎌倉市のかつて頼朝の持仏堂であった法華堂跡にあるが、高さ1・86メートルの五重の石塔である。ちなみに、頼朝の墓は江戸時代に島津重豪が整備したものである。規模の上では、現代における庶民の一般的な墓とさほど変わらない。

室町幕府をひらいた足利尊氏の墓は、さらに小さい。足利家の菩提寺である等持院《とうじいん》（京都市北区）庭園の一角に、高さ1・2メートルほどの宝篋印塔があり、それが尊氏が死亡時に立てた〝オリジナル〟の墓と伝えられている。傍に小さな看板があるものの、教えられなければ通り過ぎてしまいそうなささやかさである。

また、そこが本当に「遺体」の埋まる墓かどうか判然としない武将の墓は少なくない。たとえば、戦《いくさ》で敗北を喫し、非業の死を遂げた者たちだ。

山崎の合戦の後、竹藪の中で暗殺された明智光秀の遺体の埋葬先は、わかっていない。光秀の菩提寺西教寺（滋賀県大津市、天台真盛宗）には、自然石でできた光秀の供養塔が、一族の墓所の中に置かれている。供養塔に刻まれている光秀の戒名は「秀岳宗光大禅定門」だ。大名クラスの武将の戒名の場合、「院殿」＋「大居士」となることが多い。庶民にも付与される「禅定門」になったのは、菩提寺側が権力に忖度したからかもしれない。

光秀の墓所は他にも、京都市東山区にある。浄土宗総本山の知恩院《ちおんいん》にも近い住宅街を入った路地裏に、古い五重の石塔と、明治期に歌舞伎俳優の市川団蔵が立てた墓石、さらに祠《ほこら》が祀られている。

また、京都府亀岡市の谷性《こくしょう》寺にも光秀の首塚がある。光秀が討たれた京都市伏見区の「明智藪《あけちやぶ》」に近い山科《やましな》区には、胴体を埋葬したと伝わる胴塚など複数が残されている。いずれの墓も、光秀の知名度の割には小規模だ。そのほとんどは慰霊のための供養塔であり、どれが遺体の埋まる本墓かはわからない。

関ヶ原の戦いで敗れ、京都の六条河原で処刑された石田三成の墓は、大徳寺三玄院（京都市北区）にある。三成の処刑後、墓が建立されたものの、徳川家康の怒りは鎮まらず、墓石は土中に埋められたという。その後明治時代に掘り起こされ、祀り直された。高さは1メートル足らず。形状は方柱型である。発掘時、三成と思われる頭蓋骨が出てきたという。

日光東照宮の最奥に佇む家康の墓所

では、戦国時代における「三英傑」の墓はどのようなものだろう。「三英傑」とは織田信長、豊臣秀吉、そして徳川家康の3人のことである。

喩《たと》え歌「鳴かぬなら　殺してしまえ（信長）・鳴かせてみせよう（秀吉）・鳴くまで待とう（家康）　ホトトギス」や、落首「織田がつき　羽柴がこねし　天下餅　座りしままに　食うは徳川」に詠まれているように、わが国を代表する武将たちだ。中でも家康は江戸幕府を開き、その後260年あまりに渡って15人の将軍が君臨する超長期安定政権を樹立させた、日本史の中でも特に傑出したリーダーであった。

その家康の墓所の所在地は、多くの日本人が知っている。日光東照宮である。実は神社の境内に墓があること自体が、とても珍しい。武将の墓であれば、通常は仏式の戒名が付けられて菩提寺に祀られるが、家康が神社に祀られているのには理由がある。家康の臨終時に時間を遡りたい。

家康は臨終を前にして側近の天海らを呼び寄せた。そして、こう遺言を残した。

「私の遺体は静岡の久能山《くのう》に安置し、葬式を江戸の増上寺で執り行い、位牌は三河の大樹寺に祀ったうえで、一周忌を済ませれば日光山に小堂を建てて改葬せよ。京都の金地院《こんちいん》にも小堂を造って、京都所司代ら武家たちに参らせよ」

つまり、一周忌を期に、現在の日光東照宮に隣接する輪王寺《りんのうじ》（当時は前身の四本龍寺《しほんりゅうじ》）の境内地に墓が立てられた。同時に、家康を神として崇めるお宮（日光東照宮）が造られたのだ。

当時は神仏習合の時代。寺と神社が共存していることが普通であった。それが明治初期の神仏分離によって、輪王寺と日光東照宮が切り分けられ、現在に至っている。

現在、家康の遺骸が埋まる墓所は、日光東照宮の最奥部にある。奥社宝塔（重要文化財）と呼ばれている。8角5段からなる基礎石の上に、青銅製の基壇と唐銅（金・銀・銅の合金）でできた高さ5メートルの宝塔が置かれている。

徳川家康が眠る奥社宝塔（栃木県日光市）

実はこの家康の墓は3代目。当初は木造だったが、その後、三代将軍家光によって高さ15メートルの石造に改められた。だが、1683（天和3）年の地震で壊れ、五代将軍綱吉によって現在の宝塔に造り替えられている。

ちなみに、三代将軍家光の墓は隣の輪王寺にある。他の将軍は、最後の将軍慶喜を除き、東京の増上寺と寛永寺に分けて祀られている。

家康の墓は日光東照宮にのみ存在すると思い込んでしまいがちだが、実は各地にある。死後も家康の威光を得て庇護されたいとする寺院が現れ、各地に分祀されたのだ。

たとえば、高野山の徳川家霊台には家康と二代将軍秀忠が祀られているし、大阪府堺市の南宗寺《なんしゅうじ》、福岡県久留米市の善導寺などにも墓所がある。

善導寺の墓の下には家康が愛用した甲冑《かっちゅう》が納められている（善導寺談）という話も残る。

いずれの家康の墓も、徳川幕府の祖らしく豪壮な墓である。

全国に15ヶ所以上もある信長の墓

次に織田信長の墓はどうか。信長は明智光秀に本能寺で暗殺され、本能寺は火に包まれた。なので、遺骸は発見されていないとされている。では墓はないのか。否、信長の墓は全国に少なくとも15ヶ所以上もあるのだ。数の上では家康を凌駕する。

不思議な場所にも信長の墓はある。たとえば富山の名刹、瑞龍寺《ずいりゅうじ》。境内の片隅の石廟の中に、宝篋印塔と呼ばれるタイプの石塔が納められている。脇には信長の戒名「総見院殿泰巌浄安大居士」が掲げられていた。家康の墓標に比べてかなり質素だ。

ここには信長の遺骨が分骨されているというが、実際のところは定かではない。石廟は信長の他にも、息子の信忠や前田利家ら5基が並んでいる。いずれも富山県指定文化財になっている。

信長の墓は暗殺された本能寺にもある。しかし、なかでも信憑性《しんぴょうせい》が高いとされているのが京都・寺町通りにある阿弥陀寺（浄土宗）だ。阿弥陀寺の規模はさほど大きくはなく、一般的な檀家寺である。

阿弥陀寺にある織田信長の墓（京都市上京区）

なぜ阿弥陀寺に信長の墓があるかといえば、開創の清玉上人《せいぎょくしょうにん》が織田家と親交があったことに由来する。清玉上人は本能寺の変後、本能寺に駆けつけ、信長と信忠父子、さらに森蘭丸などの腹心の遺骸を見つけて自坊に埋葬したと伝えられている。

その墓は実に質素で、看板がなければ通り過ぎてしまうほどである。だが、たくさん立てられた卒塔婆には生花が手向けられ、今なお多くのファンたちによって愛されていることがわかる。

知られざる秀吉の巨大墓

家康と同じく天下人となった豊臣秀吉の墓の存在は、地元の京都人でも知る人は少ない。その実、秀吉の墓こそが驚愕だ。

秀吉の墓は京都市東山区の阿弥陀ヶ峰と呼ばれる山中にある。この秀吉の廟所は「豊国《ほうこく》廟《びょう》」と言う。徒歩圏には清水寺や三十三間堂、京都国立博物館などの観光名所が点在しているが、豊国廟まで足を延ばす観光客はほとんどおらず、地元民がちらほらいる程度である。

豊国廟の墓域への入り口は、京都を代表するお嬢様大学、京都女子大学の正門の脇を抜けた山手にある。大鳥居をくぐるとその先には、ピラミッドのようにそびえる急峻な石段が目の前に立ち塞がる。階段は489段もあり、普通に上がると15分ほどかかる。健脚ではない限り、階段を一気に上るのはかなり辛い。途中には唐門があり、それを抜けて最後の階段を上り詰めると、巨大な五輪塔が視界に飛び込んでくる。

豊臣秀吉の眠る豊国廟（京都市東山区）

墓石の高さはおよそ10メートル（推定重量47トン）。第1章で述べた、高野山奥之院の最大の供養塔であるお江の五輪塔は高さ8メートルだ。日光東照宮の徳川家康の墓と比べても、倍の高さがある。奈良の大仏が像高およそ14メートルなので、どれほど大きいかが理解いただけるだろう。

秀吉の五輪塔は石立垣で囲まれ、内部には高さ2メートル近い石の高炉や花立てがある。すべてがビッグサイズだ。筆者が調べた限りではあるが、墓石としては国内最大規模と思われる。現在のようなハイテク重機もない時代に、よくぞこの巨石を組み上げたものだと感心する。

秀吉は朝鮮出兵の最中の1598(慶長3)年、この地からほど近い伏見城で死亡した。多くの武将が朝鮮半島に出征していたため翌1599(慶長4)年4月18日に、ここ阿弥陀ヶ峰にて葬儀が行われている。朝廷は「豊国大明神」の神号を与え、麓《ふもと》に豊国神社の壮麗な社殿が造営された。遺骸は山頂に埋葬された。戒名は「国泰祐松院殿霊山俊龍大居士」である。

だが、徳川家康が豊臣家を滅ぼすと、秀吉の神号には廃止命令が下り、神社は破壊されてしまう。豊国廟も壊され、江戸時代は参拝者のほとんどいない廃墟となっていたという。

ところが江戸幕府が倒れた後の1868(明治元)年のこと。明治天皇が大阪へ行幸する際、「豊臣秀吉は天下を取ったが(徳川のように)幕府を開かなかった」と評価し、豊国神社の再建を命じる。そこで、豊臣家が滅びる原因ともなった方広寺《ほうこうじ》大仏殿跡地に、新しい豊国神社が建てられた。

豊国廟のほうは1898（明治31）年、秀吉没後300年忌事業として再建されることになった。豊国廟の設計を手がけたのは、築地本願寺や平安神宮などを手がけた名建築家、伊東忠太《ちゅうた》である。

その工事の最中、土中に埋まった秀吉の甕棺が発見された。それは最高権力者の棺には似つかわしくない粗末な備前焼製であったため、破壊時に入れ直されていたと考えられる。棺の中には、秀吉が西向きに座っていた。遺骸はミイラ化しており、すぐにバラバラと崩れてしまったという。遺骸は桐《きり》の棺に入れられ、この墓に祀りなおされている。

明治の豊国廟の完成当初は、ここから京都市全域が一望でき、遠くは大阪市内まで見渡せたという。現在では樹木が高く生い茂っており、眺望はさほどはよくない。だが、廟所北側は清水寺が眼下に俯瞰できるロケーションにある。

補足になるが、秀吉の御霊を祀る豊国神社は、先述のように方広寺の大仏殿跡地に再建された。社殿の直線上には豊国廟があるので、阿弥陀ヶ峰に登る体力のない人はここから遥拝することが可能だ。

なお、豊国神社と隣接して、現在の方広寺がある。方広寺境内はかなり規模が縮小しているが、現在でも国内最大規模を誇る梵鐘《ぼんしょう》（高さ4・2メートル、重さ83トン）があるので、ぜひご覧いただきたい。梵鐘に刻字された「国家安康」「君臣豊楽」という表現が大坂の陣の引き金となったといわれている。権力構造を変えるきっかけになったその文字を今でも確認することができる。

戦国時代を生き抜いた三英傑の墓は、その栄華と滅亡を無言のままに伝えている。

増上寺の徳川墓所は日光東照宮並みだった

江戸幕府をひらいた徳川家康は四本龍寺（現輪王寺）に墓が立てられて、現在は日光東照宮に未来永劫に祀られていることは述べたとおりである。では、その後、十五代にわたって続く徳川歴代将軍はどこに祀られているのか。調べてみると、次のようになった。

初代　家康　日光東照宮
二代　秀忠　増上寺
三代　家光　輪王寺（日光）
四代　家綱　寛永寺

五代　綱吉　寛永寺
六代　家宣　増上寺
七代　家継　増上寺
八代　吉宗　寛永寺
九代　家重　増上寺
十代　家治　寛永寺
十一代　家斉　寛永寺
十二代　家慶　増上寺
十三代　家定　寛永寺
十四代　家茂　増上寺
十五代　慶喜　谷中霊園

内訳は、増上寺6、寛永寺6、日光東照宮1、輪王寺1、谷中霊園1である。大きく分ければ、東京（江戸）と、日光の2つの地域に墓所が造られている。

最初に押さえておくべきは、徳川家の本来の菩提寺は、浄土宗の大本山増上寺だということである。増上寺と徳川家の寺檀関係は、家康が住職の存応《ぞんのう》に帰依したことで誕生したといわれている。安土桃山時代の1590（天正18）年には正式に増上寺の檀家になった。そのため、家康の葬儀は増上寺で執り行われている。

二代秀忠の死に際しては、遺言通りに増上寺で葬儀が行われ、廟墓も増上寺に造られた。秀忠より先立った正室崇源院《すうげんいん》（お江）の葬儀も廟墓も増上寺であった。家康が日光に祀られた例外はあるにせよ、秀忠の死をきっかけに、増上寺は徳川家の菩提寺の地位が固まった、と思われた。

ところが、三代家光の代になって状況が一転する。家光は父秀忠とは確執があったとされている。その一方で、祖父家康を心より崇拝していた。その亡き祖父の姿を重ねていたのが、長年家康の側近として仕えた天台宗の高僧、天海であった。家光は1624（寛永元）年、天海のために上野に寺領を与え、寺を開かせた。それが寛永寺である。つまり、寛永寺の開基が家光となったわけだ。

家光は1636（寛永13）年、天海の助言を受け、家康の二十一回忌法要のタイミングで東照宮の再整備（寛永の大造替）に取り掛かる。

この寛永の大造替によって建物は漆塗《うるしぬり》がなされ、金をふんだんに使って彩色を施すなど絢爛《けんらん》豪華な社殿が次々と建立されていった。そうして現在の煌《きら》びやかな東照宮が完成する。天海は1643（寛永20）年に寛永寺で亡くなり、家康の眠る日光に、墓所である慈眼堂が造られた。

家光は1651（慶安4）年に48歳の若さで亡くなった。家光も臨終に際し「死後も魂は日光山中に鎮まり、東照公のお側近くに侍《はべ》り仕えまつらん」と遺し、祖父や天海にならって日光に廟墓をもつことを望んだのだ。葬儀は、寛永寺にて執り行われた。

家光は天海の墓所、慈眼堂の隣接地に埋葬された。家光の廟所は大猷院《たいゆういん》と呼ばれている。ちなみに家光は「家康公の東照宮を凌ぐ規模になってはいけない」とも遺言している。

大猷院の中心的な建物は、家光廟所の脇に建つ本殿（国宝）である。建物全体が金で覆われ、京都の金閣のような絢爛さだ。内部には、狩野探幽《かのうたんゆう》が描いた唐獅子が睨《にら》みを効かせ、天井を見上げれば、格天井のひとつひとつ、計140枚に金の龍が描かれている。同様の意匠を施した夜叉門《やしゃもん》、鐘楼《しょうろう》、鼓楼《ころう》なども配置され、東照宮より重厚であるとの評価もあるほどだ。

こうして家光の亡き後、歴代将軍の葬儀と廟墓設置をめぐって、増上寺と寛永寺との綱引きが始まることになった。将軍や正室の葬儀を執り行い、墓所をもつことは、将軍家や大名から多大な布施が入ることになる。しかも、弔われる回忌法要の数は墓所数に比例するので、布施が永続的に続くことになる。こうして、増上寺と寛永寺との熾烈な葬儀・墓誘致合戦が繰り広げられていく。安藤優一郎『大江戸お寺繁昌記』では、増上寺と寛永寺のロビー活動が大奥を使って行われた可能性を指摘している。

大空襲で焼け落ちた徳川家霊廟

家光没後の将軍の墓所は、二代続けて寛永寺になっている。その後は六代家宣、七代家継は増上寺にて葬儀が行われ、廟所も同寺に造られた。

「米将軍」の異名をとった八代吉宗は、「自身の意志もあり、その霊廟は寛永寺に建立されたが、以後は両寺のメンツを立てる形で、ほぼ交互に霊廟が建立される形が定着する」（『大江戸お寺繁昌記』）という。

特異なのは、最後の十五代将軍慶喜の廟墓が両菩提寺には存在せず、東京都立谷中霊園にあることだ。徳川慶喜が亡くなったのは1913（大正2）年のこと。葬儀委員長はかの渋沢栄一が務めた。江戸城を去った後、慶喜は静岡県の駿府《すんぷ》に隠棲。晩年は東京に戻り、文京区春日で波乱の生涯を終えた。そして、谷中霊園に墓所をもつことになった。

慶喜が菩提寺を離れた理由は、天皇に忠誠を誓ったからといわれている。実は１８９８（明治31）年、慶喜は大政奉還以来30年ぶりに明治天皇に謁見《えっけん》。そこから皇室との距離が縮まっていく。１９０２（明治35）年に公爵の地位を授かり、失墜した名誉は回復された。慶喜は徳川宗家を離れ、新たに徳川慶喜家を創設した。

慶喜は宗家を離れたことで増上寺や寛永寺に埋まることはなかった。また、彼は明治天皇に対する恩義を感じていたため、神葬祭で葬儀を行うよう遺言していたとされている。墓所は、神葬祭の土葬墓地として整備された谷中霊園を選んだ。

墓のデザインは、京都の明治天皇陵と類似する円墳形式となっている。直径1・7メートル、高さ72センチメートル。隣には妻美賀子の円墳がある。ちなみに、増上寺・寛永寺の徳川家霊廟はいずれも太平洋戦争時の空襲などで大方焼けてしまい、往時の面影はほとんど残されていない。

最後に、増上寺の被災状況と徳川墓所について述べよう。

東京都心部は１９４４（昭和19）年11月24日以降、米軍のＢ29による本格的な空襲が始まり、空襲は終戦までに１００回以上を数えた。死者総数は約10万５４００人、罹災者約３００万人、焼失面積は約１４０平方キロメートル（東京都区部の市街地の約50パーセント）にも及んでいる。

戦前、増上寺は1909（明治42）年に大火によって大殿が焼失していた。1921（大正10）年には再建を遂げている。だが、四半世紀も経たずして、再び火に包まれる。1945（昭和20）年3月10日と5月25日の大空襲によって、大殿を含む伽藍のほとんどが灰燼《かいじん》に帰してしまったのだ。

特に徳川歴代将軍と夫人を祀った廟所が空襲によって壊滅したことは、増上寺の栄華の歴史を白紙に戻す、痛恨の出来事となった。そして、こんにちの境内風景は戦前とはまったく異なるものとなった。

『増上寺史』によれば当時、徳川家の廟所だけでおよそ2万3000坪を誇る広大な敷地を誇っていた。増上寺に祀られている徳川将軍家の霊位は夫人や子女らを含めると計38人。その廟墓は、秀忠と正室のお江（崇源院）を祀る「南霊屋」と、その他の将軍・夫人を祀る「北霊屋」のエリアに分かれており、将軍ごとに拝

戦焼前の増上寺にあった秀忠宝塔

殿と本殿などの建築物がついた豪壮な施設であった。

3月10日の空襲では、北霊屋にある国宝建造物67棟すべてが焼失した。さらに5月25日の空襲では増上寺の主要伽藍（大殿、南霊屋、五重塔、聡和殿《そうわでん》、景光殿《けいこうでん》、開山堂、羅漢堂《らかんどう》、涅槃門《ねはんもん》、殿司、学衆寮、渡廊下）の他、境内塔頭寺院などがことごとく焼き尽くされた。

旧国宝に指定されていた南霊屋の、二代将軍秀忠（台徳院）の墓所奥院宝塔と、宝塔を覆う霊廟は、江戸初期の建築技術の粋を集めた傑作といわれていた。

瓦礫《がれき》の山となった南北の廟所は戦後、西武グループが徳川家から買収する。そして、1964（昭和39）年の東京オリンピックにあわせて北霊屋跡に東京プリンスホテルが開業。東京プリンスホテルの入り口には奇跡的に焼け残った北霊屋の門、二天門（重要文化財）が残っており、微かに往時の様子を伝えている。

南霊屋跡は現在、大型ホテル（ザ・プリンスパークタワー東京）となっている。1942（昭和17）年に実測された地図と、現在の地図とを照合すると、まさにタワーの立つ辺りに秀忠の墓標（宝塔）があった。ザ・プリンスパークタワー東京の東エントランスには南霊屋の惣門《そうもん》（重要文化財）が残っている。

戦後の首都開発の一環として徳川家廟所跡地や境内地が西武グループなどの手に渡り、

増上寺は残されたわずかな土地で仮本堂を建てて、再出発を余儀なくされたのだ。

1958(昭和33)年、徳川の廟所が発掘され、土葬と火葬が混在する将軍らの遺体は、改めて桐ヶ谷斎場で荼毘に伏され、現在の増上寺大殿西側の新墓所に改葬されたが、往時とは比べ物にならない小さな規模のものとなった。

戦焼を免れた増上寺・二天門(東京都港区)

東京・新島にある流人墓

ところで、江戸時代における罪人の墓が存在することをご存じだろうか。筆者が伊豆諸島の新島に赴いた時、流刑人の墓地(流人墓)を見つけた(口絵11)。それが砕けてできた白砂の上に素朴な墓石が点在し、実に美しい風景を浮かび上がらせていた。

新島は、コーガ石と呼ばれるガラス質の土壌でできている。

この新島は、1668(寛永8)年から1871(明治4)年までの間、1333人もの流刑囚が流されたことで知られる。赦免された者もいたが、650人以上の流刑囚がそのままこの島で病没した。この墓地ではその罪人らが埋葬されている。

流された罪人は島内で行動制限があったわけではなかったため、村の畑仕事や漁業を手伝ったりしながら日銭を稼いでいたという。また一部の武士などを除く経済的余裕のない罪人は流人小屋で共同生活をしながら暮らしていた。彼らは亡くなると、仲間の手で島に埋葬されたのである。

墓を具に見ると、逆さにしたお猪口を模った墓石や、サイコロ型の墓石がある。これは死者が生前好きだったものを墓石として刻んだものだという。権力者の墓は時勢によって壊されることがある。庶民の墓もいずれは消滅する。しかし、ここ新島の、当時は最も不遇な立場の罪人たちが、今なお弔い続けられている姿に、不思議な感覚を抱くとともに、胸が熱くなった次第である。

「鏡」としての墓——天皇陵

天皇家は、現在まで126代にわたって続いている。天皇の墓である「天皇陵」は、初代神武天皇から昭和天皇まで存在し、誰でも参拝できる。そのほとんどが西日本にあり、東日本にある天皇陵は大正天皇陵と昭和天皇陵のみだ。この天皇陵の歴史を知ると、日本の政治や社会のあり方が見えてくる。

皇室典範第27条には、「天皇、皇后、太皇太后及び皇太后を葬る所を陵《みささぎ》、その他の皇族を葬る所を墓《ぼ》」と定義している。したがって、歴代天皇・皇后の陵に加え、皇族の墓を合わせた総数となれば膨大になる。

宮内庁のホームページでは、全国に点在する陵墓の数に言及している。それによれば天皇陵の所在地は、東京都が最北であり、山口県が最南だ。皇族墓に広げれば、北は山形県から南は鹿児島県まで、1都2府30県にわたって分布する。内訳は陵が188、墓が555の他、分骨所・火葬塚・灰塚などの陵に準ずるものが42、髮歯爪塔《はつしそうとう》（髪や歯、爪が埋葬された塔）などが68、陵墓参考地が46あり、総計899。皇族墓や関連施設を合わせれば、陵墓の総面積は652万平方メートル、東京ドーム139個分にも及ぶ。

天皇陵の形状は、古代のものでは円墳や前方後円墳などの高塚式の広大なものが多い。とりわけ著名なのは、クフ王のピラミッド、秦の始皇帝陵に並んで世界最大規模の「仁徳天皇陵（大仙陵古墳）」だろう。三重濠をめぐらす前方後円墳で、面積約46万4000平方メートルを有する。

筆者の住む京都市嵯峨地域でも、陵墓は簡単に見つけることができる。複数の天皇陵の他、皇女の墓、火葬塚などが徒歩圏内にある。陵墓には決まって正面に鳥居のある拝所があり、注意書きの看板が掲げられている。看板には、「一、みだりに域内に立ち入らぬこと一、魚鳥等を取らぬこと　一、竹木等を切らぬこと」とある。

一般の墓であれば墓石に水をかけ、掃苔《そうたい》し、花や線香などの供物を供えることができるが、宮内庁指定の陵墓でそうしたことはできない。鳥居の向こうは、何人も侵すことのできない「聖域中の聖域（兆域）」になっている。長い年月の末に多くが巨木や茂みで覆われ、原型を捉えることは難しい。

それでも、樹木の間から石室らしき巨石などがチラリと覗いていたり、古墳の形状が確認できる場合があったりして、古《いにしえ》の天皇と時空を共にできる稀有な空間といえる。

天皇陵の名称は、2つある。1つは天皇の諡号《しごう》を冠した一般的な名称。もう1つは、地名を冠した名称だ。たとえば、諡号を用いた「昭和天皇陵」は、「武蔵野陵《むさしののみささぎ》」ともいう。

陵墓によっては、同じ場所に複数の天皇が祀られている場合もある。たとえば、京都市伏見区の深草北陵《ふかくさのきたのみささぎ》には、鎌倉時代後期から江戸時代初期にかけての持明院統（北朝）の歴代12天皇、1親王が、一堂にまとめて祀られている。この12天皇は中世の薄葬思想のもと、火葬を希望した。そして、江戸時代までこの地にあった安楽行院《あんらくぎょういん》という寺の境内地に、納骨堂（法華堂）を建てて合葬されることになった。つまり深草北陵は、現代で流行っている納骨堂の草分けであったのだ。

では、数々の天皇陵には、本当に天皇の遺体が埋まっているのか。実は考古学的、文献史学的に見て、当時の埋葬地と、現在の天皇陵（宮内庁治定＝陵墓の被葬者を特定すること）が同じであるといえるのは、半数もないとされている。特に14世紀以降は、ほぼ現陵どおりとされているが、それ以前の大方の天皇陵を正確に特定することは難しい。

初代神武天皇から九代開化天皇までは、その存在すら疑問視されている。第1章で述べたように淳和上皇は、遺言で散骨せよと命じ、嵯峨上皇は墓を造らず、草の生すままにせよと断じている。

しかし、神武天皇陵は奈良県橿原《かしはら》市にある畝傍山東北陵《うねびやまのうしとらのすみのみささぎ》が、宮内庁によって「治定」されているし、散骨や風葬になったはずの淳和・嵯峨天皇陵も京都市内にしっかりと存在する。

薄葬思想の流行、盗掘、さらに天皇家の財政難のために、中世の陵墓は荒れ放題であったと考えられる。そんな中で天皇陵をきちんと特定し、修復・整備しようとしたのは、江戸幕府五代将軍徳川綱吉（在位1680〜1709年）が最初といわれている。その背景には、綱吉の強い尊王思想があった。

この元禄時代には、神武《じんむ》（初代）、綏靖《すいぜい》（二代）、安寧《あんねい》（三代）の各天皇から後醍醐天皇（九十六代）までの30帝陵の絵図が描かれている。江戸時代には4度の探索と特定、修陵が行われたとの記録がある。

幕末の文久年間（1861〜64年）には、より大規模な修陵が行われた。時代背景として、幕末における尊王思想の高まりがある。この時、『古事記』や『日本書紀』『延喜式』などの古代の文献が参考にされたという。

天皇陵において最重要視されたのが、天皇家の起源にあたる神武天皇陵だ。その特定には苦慮したようだ。元禄年間（1688〜1704年）に、いったんは現在の綏靖天皇陵が神武天皇陵と治定されたものの、記紀などに書かれている畝傍山《うねびやま》から離れているなどの理由で再検討がなされた。最終的には孝明天皇の裁決によって、橿原市のミサンザイ遺跡が初代天皇陵（畝傍山東北陵）と治定されている。

天皇陵の探索と修陵は、明治に入っても続けられた。最終的に、1889（明治22）年にすべてが治定された。ゆうに200年をかけて特定された天皇陵だが、先に述べたように実在したかどうか定かではない天皇が含まれていたり、強引な土木工事によって「天皇陵」に仕立てられたりしているケースもあり、考古学的には多くの天皇陵が不正確な認定といえる。しかし、宮内庁は一貫して天皇陵の詳細な調査、再治定は実施しないスタンスをとっている。

個性的な天皇陵

天皇陵の都道府県別の分布を見ていこう。東京都が2陵、滋賀県が1陵、京都府が73陵、奈良県が30陵、大阪府が16陵、兵庫県が1陵、香川県が1陵、山口県が1陵である。

ここでは、いくつかの個性的な天皇陵を紹介していく。

まず、都道府県に1陵しかない天皇陵は謎めいている。遠く都から離れた地域に陵をもつということは、島流しに遭うなどの非業の死を遂げたことをほのめかしている。

滋賀県大津市役所の裏手にあるのが、弘文天皇陵である。弘文天皇は、天智天皇の皇子である大友皇子《おおとものみこ》だ。皇位継承をめぐって672（天武元）年、壬申の乱が起き、天智天皇の弟の大海人皇子《おおあまのみこ》に敗れて自死した。そのため、江戸時代まで天皇と認められていなかった。

しかし、国家神道体制に入った1870（明治3）年、明治天皇が即位を認定し、諡号である「弘文」が与えられ、三十九代目の天皇になった。その死地にあった円墳が、陵墓に治定されている。ちなみに、滋賀県を代表する名刹三井寺（園城寺）は、大友皇子（弘文天皇）の菩提を弔うために建てられた寺だ。

兵庫県淡路島にあるのが、四十七代淳仁天皇だ。淳仁天皇も先の弘文天皇同様に、明治天皇の時代になって諡号が与えられた比較的新しい天皇だ。淳仁天皇は女帝孝謙天皇が譲位して、即位した。

折しも孝謙上皇は、怪僧・道鏡を寵愛。2人は当時、政治の実権を握っていた藤原仲麻呂（恵美押勝《えみのおしかつ》）を滅ぼすと、仲麻呂と近しかった淳仁天皇も淡路島に追放してしまう。淳仁天皇は淡路島で殺害されたと伝えられている。淳仁天皇の皇位を剝奪《はくだつ》した孝謙上皇は重祚《ちょうそ》し、四十八代称徳天皇になった。

七十五代崇徳《すとく》天皇は、怨霊になった天皇として知られる。後継をめぐって保元の乱を引き起こし、後白河天皇側に敗れて讃岐《さぬき》（香川県）に流された。讃岐では写経をして朝廷に送るが、後白河天皇は拒絶。こうした仕打ちに対して、呪詛《じゅそ》の文言を書きつけるなど、終生朝廷を呪い続けた。その死後、朝廷では後白河天皇の息子、二条天皇らが急死するなど不幸が続いたため、崇徳天皇が怨霊となって災厄を振り撒いたとの噂が広まり、恐れられた。崇徳天皇陵は香川県坂出《さかいで》市の白峯山《しらみねさん》中にある。考古学上も、埋葬地と宮内庁治定とほぼ合致する、確かな陵である。

日本最南端の天皇陵は、山口県下関市の赤間神宮（旧阿弥陀寺）にある、八十一代安徳天皇陵だ。安徳天皇は3歳で即位するが、平家一門と行動を共にし、壇ノ浦の合戦において敗れた。平清盛の妻で安徳天皇の祖母にあたる二位尼《にいのあま》に抱かれ、尼の「波の下にも極楽浄土という都はございます」という言葉とともに海に没した。この時、三種の神器の1つ、宝剣が失われたとの説がある。また、安徳天皇は遺骸が漁師の網に引っかかって上げられ祀られたとする説と、逃げ延びたという説がある。

薄葬文化の見られる京都の天皇陵

天皇陵が最も多く存在するのが、京都府である。73もの天皇陵があるが、その理由は「千年の都」であった歳月の長さにある。平安期以降の天皇の多くが、京都エリアに集中している。

京都の天皇陵もまた、祀られ方の形態、規模などが独特だ。京都に天皇陵が造られた時期は薄葬思想の流行時期にあたるため、大阪や奈良にある古代の陵に比べ、コンパクトなものが多い。当時の皇室は財政難にあえいでおり、個別に巨大な墳墓を築く余裕がなかったのだ。

泉涌寺に造られた陵墓(京都市東山区)

特筆すべきは、東山区の泉涌寺《せんにゅうじ》にある陵墓である。ここには江戸期を中心とする14の天皇陵、5の天皇の灰塚、9人の皇族の墓が一堂に介している。天皇が一堂に眠っているとは、どういうことか。

泉涌寺には、境内の奥に月輪陵《つきのわのみささぎ》という天皇家の墓所が造られ、仏塔型の陵墓が並んでいる。財政難であった天皇家に替わって、江戸幕府が泉涌寺を整備したのだ。

したがって、江戸時代の天皇家は泉涌寺の檀家であり、それゆえ泉涌寺は「御寺《みてら》」と呼ばれている。墓域内には立ち入れないが、内部には九重塔の墓石形式の陵が建ち並んでいる。一見して、天皇陵というよりも武将クラスの石塔墓に近い。一般参詣者は陵の入り口の拝所から手を合わせることができる。

泉涌寺の月輪陵は、先に述べた「納骨堂形式」の深草北陵と対比させて語ることができるだろう。

月輪陵ができるまでの12代分の天皇の葬儀は、仏式の火葬であった。江戸時代最初の百七代後陽成天皇までは、焼骨にして深草北陵に納骨されていた。しかし、百十代後光明天皇の崩御の時に、状況が一変する。後光明天皇は儒学に傾倒し、大の仏教嫌いで知られていた。そのため葬儀は仏式で行われたものの、埋葬の形態は土葬にすることになった。以後、泉涌寺に天皇陵専用の区画が設けられて、江戸時代のほとんどの天皇は土葬したうえで、石塔を立てる形式になったのだ。

ただし、江戸時代の最後の百二十一代孝明天皇に関しては月輪陵とは別に、泉涌寺の裏山に個別に円丘型の陵墓、後月輪東山陵《のちのつきのわのひがしのみささぎ》が造られている。

孝明天皇は強い尊王攘夷思想の持ち主で、公武合体による諸外国への対抗姿勢をあらわにしていた。孝明天皇は病死説と毒殺説があるように、やや不可解な死であった。

当時、文久の修陵を手がけていた山陵奉行の戸田忠至《とだただゆき》が、王政時代の古式に回帰すべしと建言。大規模な墳丘（古墳型）の天皇陵が造られることになった。ここに、平安時代より続いた天皇陵の薄葬文化は終焉を迎えることになる。

転換期の天皇陵

明治以降は国家神道の影響を受け、古代の陵にならって巨大化する。その極めつきが明治天皇陵（伏見桃山陵《ふしみももやまのみささぎ》）だ。明治天皇陵は伏見城本丸跡に造成された。陵へと導く大階段は230段あり、それを上り切ると見える、巨大な墳丘が正面に鎮座する光景には圧倒される。形状は上円下方墳。真上から見れば正方形の中に円があるような意匠だ。

明治天皇が皇居宮殿で崩御したのは、1912（明治45）年のこと。本来ならば東京に陵が造成されるのが自然だと思われるが、「若い頃を過ごした京都に祀られたい」との遺言に従って伏見に造られ

明治天皇陵（伏見桃山陵、京都市伏見区）

た。京都を去っても天皇は、故郷のことを思い続けたのだろう。明治天皇の御霊は、明治神宮に祀られている。

明治天皇陵の北隣には、桓武天皇陵（柏原陵《かしわばらのみささぎ》）がある。京都に都を移した天皇と、京都最後の天皇が隣合わせに祀られていることも興味深い。

続く大正天皇陵（多摩陵《たまのみささぎ》）、そして昭和天皇陵（武蔵野陵《むさしののみささぎ》）は、東京都八王子市の武蔵陵墓地にある。いずれも天智天皇陵や明治天皇陵をモデルにした、大規模な上円下方墳だ。もちろん一般参拝もできる。

また、明治以降の天皇・皇后を除く皇族は、豊島岡墓地（文京区）が造成され、埋葬されることになった。豊島岡墓地の一般の墓参はできない。

なお、宮内庁は2013（平成25）年に「今後の御陵及び御喪儀のあり方について」という見解を発表している。そこでは、天皇・皇后（現上皇・上皇后）の崩御後の埋葬方法、陵の規模等について、自身の希望が述べられている。宮内庁は、

「御喪儀の検討は、御火葬が望ましいとされる両陛下のお考えを踏まえて行われた。御火葬は皇室の伝統にかなうものであるが、他方で、江戸時代前期から昭和天皇・香淳皇后までの例である御土葬を改めるという面もある。その意味で、本検討は象徴及びその御配偶

という特別のお立場にある方の御喪儀について将来にわたって基準となり得るものであり、あらゆる角度からの慎重な検討が求められるものであった」

としたうえで、火葬を伴う葬送についての基本的な方針（一部）を明らかにしている。

その概要は、以下の通りである。

①江戸時代以降続けられた土葬を、火葬に切り替える

②火葬施設は、既存施設を使わず、武蔵陵墓地内に専用の火葬施設を設置する

③火葬施設はその都度、設ける。火葬後は、資材・火葬炉等は保管し、適切な利用を図る

④火葬の前に比較的小規模な葬送儀礼を行う

⑤一般の葬儀にあたる「葬場殿の儀」は、施設の規模や場所のあり方など、国民生活に影響の少ないものにする

⑥葬場の設営に際し、できる限り樹木の伐採を伴わないなど、環境への配慮が可能な場所であること

天皇・皇后陵についても、従前より変更があった。天皇陵を設ける場所は大正・昭和天皇陵のある武蔵陵墓地としながらも、持続的に陵が設置できるように、その規模は大幅に縮小されることになった。主な変更点は次の通りである。

①現在の大正天皇陵の西側に営建する
②兆域（墓域）は天皇陵・皇后陵の合計面積を約3500平方メートル（一般拝所などを含めた区域全体は7870平方メートル）とし、昭和天皇陵・香淳皇后陵の兆域の合計面積約4300平方メートル（同1万3500平方メートル）の8割程度（同6割）の規模とする
③形状は明治以降の天皇陵にならって、天皇陵・皇后陵ともに上円下方墳とする
④天皇陵・皇后陵は合葬式ではなく、両陵が寄り添い、不離一体の形にする

天皇陵の形態は、この令和の時代に転換点を迎えそうだ。ポイントは土葬から火葬の切り替えと、天皇陵の規模の縮小、そして新しい意匠を陵に採用することである。

特に新陵のデザインは、天皇陵史上見たことのないものとなる。上円下方墳の形態は同

じだが、同じ兆域（墓域）に天皇・皇后陵が「寄り添い、不離一体の形」になるように造られる。すでに予定地では新陵の造成が始まっている。

戦国武将の墓が彼らの生き様を映し出すものであったように、天皇陵は、天皇と社会との関係を映し出す鏡のようなものかもしれない。

第 5 章

独自の意匠をもつ“北”と“南”の墓

―― 奄美、沖縄、アイヌの弔い

奄美群島や沖縄の墓、北海道のアイヌの墓の形態は、本州の墓とは一線を画する。洗骨を伴う風葬を起源にもつのが、奄美や沖縄の墓。仏教の影響を受けていないため、独自の意匠の墓が今に伝わる。一方、アイヌの墓は、男女別葬という珍しい墓制をとっている。そこには本土とは大きく異なる死生観と弔いの習俗が隠されている。

奄美大島と沖縄の土着的宗教習俗

鹿児島県と沖縄本島の、ほぼ中央に位置する奄美群島は、奄美大島を中心に加計呂麻《かけろま》島、喜界《きかい》島、請《うけ》島、与路《よろ》島、徳之島、沖永良部《おきのえらぶ》島、与論《よろん》島の8つの有人島と複数の無人島から形成されている。奄美大島は日本の離島（北方領土を除く）では、沖縄本島、佐渡島に次ぐ面積を誇る。ソテツやマングローブなどの亜熱帯性の原生林が広がり、美しいビーチが多く点在している。

近年、奄美にはLCCが就航し、来島者は増加傾向にある。とはいえ、リゾート開発が進む沖縄に比べて、まだまだ素朴さが残る島だ。奄美大島には現在、奄美市、龍郷《たつごう》町、瀬戸内町など1市2町2村の自治体が存在する。人口は全島で6万人ほど。この30年間は人口減少傾向にあり、その流れは今後も続くと見られている。このまま人口減少に歯止めがかからなければ、2060年には人口3万2000人ほどと、現在の半分の水準にまで落ち込むとの試算もある。

奄美大島では集落を歩いても、仏教寺院を見つけることは困難だ。神社やカトリックの教会は集落ごとに見つけることができるが、寺はない。その理由は、奄美は歴史的に仏教支配の度合いが薄いからだ。江戸時代のおよそ260年間、奄美は薩摩藩の統治下に置かれていた。薩摩藩内では、檀家制度がほとんど機能しておらず、浄土真宗が禁教とされていた。また、明治初期の廃仏毀釈によって藩内すべての寺院が破却処分になった。奄美でも江戸期に唯一あった寺院が、廃仏毀釈で廃寺になっている。

鹿児島県で廃仏毀釈が終息した直後の1878(明治11)年ごろ、浄土真宗本願寺派が寺院空白地帯で大々的に布教を始める。すると奄美を含めた鹿児島県では次々と真宗寺院が建立されていく。奄美大島における寺院は現在、浄土真宗系寺院を中心に8か寺。島の信仰は、仏教、神道、土着宗教、カトリック、新宗教など多様な宗教が混在している。

仏教勢力が弱い反面、奄美では土着的宗教職能者である「ユタ」が勢力を拡大してきた歴史がある。ユタとは沖縄や奄美で活動をするシャーマン(霊媒師)のことである。いまだに奄美の集落に深く根付き、時には葬送儀礼の中で重要な役割を果たしている。

ユタは、祈禱や死者の口寄せ（死者の魂を憑依《ひょうい》させ、死者の言葉を伝える）、占い、人生相談などを行う。もともと奄美は琉球王朝の支配下にあったこともあり、沖縄のシャーマニズムの影響を強く受ける形で、ユタ文化が継承されてきた。しかし、その実態はほとんど明らかになっていない。

少しユタについて解説しよう。ユタは、奇妙な成巫《せいふ》過程（シャーマンになる過程）を辿る。世襲制は取らない。ユタになる人はある時、「神懸り（カミダーリ）」という神の啓示を受ける。その際、身体異常＝トランス状態を示し、自分がユタにならざるを得ない運命であることを、神から脅迫的に告げられるのだ。

奄美大島の南端部、瀬戸内町在住である30代の男性に話を聞いた。

「ユタは人口８５００人ほどの瀬戸内町だけで2人いますね。カミサマという呼び方もします。奄美全体ではもっといます。いずれも高齢の女性ですね。私の親世代は何かしらユタの世話になっていました。そういう意味ではお寺のお坊さんよりも身近な存在です」

『奄美大島における近代仏教の布教過程の特質――宗教者の移動性と布教スタイルを中心に』（財部めぐみ）によると、江戸時代までの奄美の宗教分布は、ユタなどの民間信仰が中心で、仏教勢力がほとんど存在しなかったという。明治初期に「信教の自由令」が出されると、本土から様々な宗教が入ってくる。それでも島人はユタ社会を容認し続けてきた。一方で、ユタに対する差別、迫害の歴史もあった。

現在、奄美には数十~100人超のユタがいるとみられている。しかし、その正確な実数はわからない。島における仏教の僧侶は10人以下だ。したがって奄美では、仏教よりも民間霊媒師の勢力のほうがはるかに大きい。

しかし、先述の男性は、「少子化などとともに、いずれユタが集落からいなくなる時期が来るのでは」と予測する。実際、島で神の啓示を受け、ユタになったものの、活動の拠点を東京などの本土都市部に移す事例も少なからず存在する。

ところが、沖縄本島では奄美をはるかに凌ぐ2000人以上のユタがいると推測できる。奄美は現在、深刻な過疎化にあえいでいるが、対照的に沖縄の合計特殊出生率は全国で最高水準だ。またインバウンド需要も相まって景気拡大のさなかにある。土着のシャーマンの世界も、景気や人口動態に大きく影響を受けていると考えられる。

沖縄では奄美以上にユタへの依存度が高い。「医者半分、ユタ半分」という言葉がある。これは、西洋医学で病気を治療するのは医者だが、ユタの見えざる力によっても身体、精神的な治癒を期待する沖縄の人々の習慣をたとえたものだ。

たとえば、沖縄本島中部の一部地域では、墓を改葬して遺骨を運び移す際、辻々に米粒を落とす風習がある。これは、シニマブイ（死者の魂）が迷子にならないようにするための儀式。沖縄ではこうした墓に関わる指示は、大抵ユタが行うという。

沖縄県民のユタとの関わりについて、興味深い調査結果がある。地元紙琉球新報が2011（平成23）年に実施した「沖縄県民意識調査」だ。そこでは「あなたはユタへ悩みごとを相談しますか」という問いに対して、「よく相談する」「たまに相談する」の割合が16・9パーセントとなっている。「あまり相談しない（＝過去にユタに相談したことがある）」（18・3パーセント）を含めれば35・2パーセントに上る。ユタに相談したとする比率は男性より女性のほうが10ポイントほど高く、また世代では40〜50代の比率が高かった。

さらに「沖縄の伝統的な祖先崇拝についてどう思いますか」の問いには、県民の92・4パーセントが「とても大切だ」「まあ大切だ」としている。この調査からも沖縄では、民間信仰がいかに市民の生活に根付いているかが読み取れる。ユタにはまると抜け出せず、「ユタ依存症」になる島人もいるそうだ。

奄美や沖縄における宗教的職能者はユタの他にも、ノロ（祝女）がいる。ノロとは琉球王朝期に制定された神職（女性祭司）であり、その多くは世襲によって継承され、ムラの祭祀を司ってきた。五穀豊穣やムラの安全・安寧を祈る存在である。ユタのように個人クライアントをつけて商売をすることはないが、神霊と交流する点では土着的な宗教的職能者といえる。

両者の棲み分けとして浄（神の領域）の部分を担うのがノロで、不浄（死の領域）に関わるのがユタとされる。しかし地域差があり、祭司がユタを兼ねる場合もあったりして、両者を厳密に定義するのは難しい。

沖縄のノロの場合、明治初期の琉球王国の解体によって、ノロ制度そのものが消滅。一部のムラではそれでも女性世襲を守り、ノロをかろうじて存続させているところもあるが、現在に至っては高齢化が進み「絶滅危惧」にある。

奄美の場合、ノロは完全に絶え、ユタも少子高齢化、人口減少とともに衰退の一途をたどっている。近い将来、奄美における民間のシャーマンが完全消滅してしまう可能性がある。

奄美の葬送は土着宗教の影響を多分に受けている。戦後間もない頃までは、葬儀の後にユタを呼んで「マブリワアシ（マブリ寄せ）」と呼ばれる儀式を行うこともあったという。マブリワアシとは、ユタが死者の魂を憑依させ、死の状況を報告させることである。東北のイタコの口寄せのようなものだが、イタコの口寄せが満中陰（四十九日）を経ていない魂を口寄せできないのに対し、ユタのマブリワアシは満中陰以内でも積極的に実施するのが特徴である。

マブリワアシは、遺言を残せないまま亡くなった者に対して実施することが多い。『沖縄・奄美の葬送・墓制』（名嘉真宜勝、恵原義盛）によれば、マブリワアシをするのは、次の場合だという。

①事故死など臨終に家人に看取られずに死んだ者
②急病などで、遺言などするいとまもなく死んだ者
③死んだ人に、言い残したことが未だ沢山残っているとみられる時
④死者の家庭の者が災難を受けたり、不明の病気を患ったり、ハブ（毒蛇）を見たり、というような平穏を欠くことがあって、ユタに占いの結果、死んだ人の遺念の障りであるとされた時

奄美群島における葬送の形態は、島や集落ごとに異なるので一概には言えない。特徴的

なのは、かつて薩摩藩に属していた地域であるものの、沖縄（琉球）文化の影響を大きく受けていることだ。奄美大島では、墓はおおむね九州の形態をとりつつも、沖縄の洗骨の風習が近年まで続いていた。

奄美の肖像墓と洗骨

かつて、潜居を命じられた幕末の薩摩藩士、西郷隆盛が滞在していた奄美大島北部の龍郷町を訪れた。龍郷集落の中心地に、西郷と奄美で出会った妻・愛加那《あいかな》が暮らした茅葺《かやぶき》の家が再現されている。現在、愛加那に繋がる一族（龍家）が所有、管理している。

この邸宅の近くには、一族の墓所があり、愛加那の墓が残されていた。管理者に許可を得て、墓所に入らせてもらった。墓の種類はじつに多様である。江戸時代後期から大正期にかけての古い墓は、仏式の五輪塔が多い。等身大の人物（おそらく被葬者であると考えられる）を象《かたど》った墓石（肖像墓）もある（口絵12）。いずれにしても、墓1基あたりの規模は大きい。

離島でこのような凝った墓を立てるのには相当な身分と財力が必要だ。愛加那の実家は琉球王家の末裔であり、当時の繁栄ぶりがうかがえる。

墓所の入り口に掲げてある看板によれば、ここは龍家の男系の一族のみしか埋葬されることが許されていない特別な墓地だ。沖縄では門中（ムンチュー）制度という、男系の一族がイエと墓を継承するしきたりが今でも受け継がれており、奄美の葬送にも影響を与えていると考えられる。したがって、奄美は沖縄と本土の両方の葬送文化が混じりながら独自に発展した、宗教学的には特殊な場所といえる。

奄美の村墓地を見回った。ところどころ、竿石が倒されている。これは島における「墓じまい」だ。離島では石材の運搬などの問題がある。墓石を完全に撤去する手間を省き、島を去る際にはこうして竿石を象徴的に倒していくのだ。倒された竿石はあちこちで目につく。この島が人口減少傾向にあることを物語っている。

さて、奄美では2000年初頭まで土葬の風習が残っていたという。奄美における土葬の興味深い点は、遺体を埋葬してから3年以上（3年、5年、7年の節目で）経過すると、洗骨を伴う改葬（遺骨の移動）が実施されるという点である。

洗骨とは文字通り、土葬された遺骨を取り出して、海水などで洗い清める風習のことだ。洗骨は東南アジアで見られる他、沖縄では1970年代まで行われていた。徳之島や与論島なども、近年まで行われていたとする報告もある。たとえば加計呂麻島では7年目、沖永良部島では3年目、徳之島は3年目か7年目、与論島は3年目で洗骨する風習だという。

奄美や沖縄における洗骨は、もっぱら女性（故人の姉妹や娘、孫娘など）の仕事であり、「最後の親孝行」とされている。また、洗骨をせず、遺骨がヨゴレたままでは、きちんと成仏できないと信じられてきた。洗骨をして清浄な状態にしてこそ、浄土に向かうことができるのである。

洗骨は遺体が完全に朽ちる3年後からは、なるべく早めにするのが好ましいとされている。最も遅くとも三十三回忌までには洗骨を終えなければ、罰が当たるとの言い伝えもある。

奄美では土葬の際に、棺が腐朽し遺体に土が被さらないよう、腐りにくいシダ科のヘゴの板で遺体を覆うなどの工夫をする。また、土葬の深さも10センチ程度と、本土に比べればかなり浅く埋葬する。

洗骨の風景は過酷だ。洗骨は午前中に行う。土中に散乱した小骨を、丁寧に掘り出さなければならないからだ。石塔が立っている場合にはどかさなければならず、親戚一同による大作業になる。頭蓋骨が出てくると、恭《うやうや》しく持ち上げ、「オガマレタ」と叫び、洗骨役の女性に渡す。

取り出した骨は海岸に運び（あるいは、その場に海水をくんできて）、骨にくっついた皮を刃物で削ぎ、腐臭を我慢しながら海水で洗い清める。沖縄の風葬における洗骨では、泡盛で洗うことが多い。小さい骨に至るまで丁寧に洗い清め、骨壺に納めていく。

内地（薩摩）の骨壺のサイズでは納まりきらないので、沖縄から大型の骨壺を取り寄せて納めることもある。沖縄本島には伝統的な焼き物、壺屋焼の骨壺を販売する店がある。そこに置かれている骨壺は装飾的でとても大きい。死体を自然に朽ちさせる風葬文化は沖縄の骨壺に反映される。それは大腿骨《だいたいこつ》や頭蓋骨がきちんと収まるように設計されているからである（さらに複数の遺骨を入れるため）。

奄美の伝統的葬送は洗骨だけではない。その風習はかつては多種多様であった。沖縄のような風葬（洞窟葬）や、海底に沈める水葬が行われていた他、風葬の一種である樹上葬があったとの言い伝えも残っている。

薩摩藩士で奄美に流された名越左源太《なごやさげんた》が記した風俗誌『南島雑話』に、樹上葬の詳細が描かれている。そこには、

「ノロクメのなきがらを樹上に櫃《ひつ》にをさめて掛置事《かけおくこと》三年、骨洗て後に壺に納め置く」

（ノロ＝祝女の遺体を棺に納めて、樹上に掛けて安置し、三年後に骨洗して骨壺に納めた）

とあり、図が添えてある。

棺は米櫃《こめびつ》のような箱型で、縄で巻かれ鍵が掛けられたうえで、樹の枝に引っ掛けられている。樹上葬は、ノロが死んだ時の特殊な葬法であったと考えられる。樹上葬はパプアニューギニアやソロモン諸島などの土着民族でもみられる葬送法だ。死者の魂が天上へと昇ると考える「天上他界」の一種である。奄美の樹上葬もその影響を受けている可能性は捨てきれない。もちろん、現在では樹上葬は絶えてしまった。

奄美の樹上葬(イメージ)

なぜ洗骨は続いてきたのか

話を戻すが、奄美の洗骨は伝統的な葬送儀礼とはいえ、肉体的にも精神的にも負担が強いられる仕事だ。しかし、なぜこのような風習が近年まで日本に存在したのか。そこには死に対するケガレ(不浄)思想がある。洗骨する前の死体(死)はケガレであり、忌避されるべき対象なのだ。

ケガレの概念は古くは『古事記』の中で登場する。

伊邪那岐命《イザナギノミコト》が、妻の伊邪那美命《イザナミノミコト》の死を悼んで黄泉《よみ》の国（あの世）を訪ねた際、腐乱したイザナミの遺体に出会う。驚き恐れたイザナギはこの世に戻ってきて、ケガレを落とす（禊《みそぎ》）と、天照大神《アマテラスオオミカミ》、月読命《ツクヨミノミコト》、須佐之男命《スサノオノミコト》らの神々を生んだという。

『古事記』の伝承によれば、つまりは死体とはケガレであり、そのままでは荒ぶる霊になってしまう。そのため禊によってケガレを落とし、その後は、清浄なカミになるということだ。

アマテラスオオミカミを〝祖先〟とする天皇（あるいは皇族）の葬送法である殯《もがり》にも、ケガレ思想を見ることができる。殯とは第1章で説明したように、本葬を執り行うまでの期間、死者の住まい（殯宮《もがりのみや》）を建て、遺体の腐敗を通じて段階的に死を受け入れることである。

奄美・沖縄における洗骨を伴う改葬は、古来の殯に似た葬送習俗といえる。つまり、穢れた死体を洗骨することで、不浄から浄へとステージを上げる、ということだ。また、洗骨はかつて東南アジアでも見られた風習であり、様々な葬送文化が混じり合った海洋国ならではの弔いの姿なのである。

ところが奄美では、この四半世紀ほどで、民間の葬儀社が島に進出。奄美でも〝本土並み〟の一般的な葬式が定着した。かつての土葬は、ムラ社会の中で相互扶助的な意味合いが濃い葬式だった。島や地方都市における土着的な葬送は肉体・精神的には大変な作業になるが、一方で、地域コミュニティを強固にしていた側面は大いにある。しかし、火葬の普及と同時に、葬儀社が葬式全般を取り仕切るようになると、相対的にムラ社会における葬送の役割は薄れていく。葬送文化の喪失は必然的に、ムラのつながりを弱体化させる要因にもなる。

奄美では近年、身内のみで故人を送る葬式「家族葬」も出現している。東京などの大都市で進行する「個の葬送」「より簡素な葬送」が奄美にも入り込み、古来からの「重厚な葬送儀礼」を大きく変えようとしているのだ。

先ほど奄美は人口減少傾向にあると述べたが、人口減少が「個の葬送」の間接的な一因になっているとの見方もできる。葬送文化の衰退は不可逆である。ひとたび失われると、元に戻ることはない。人口減少が続く奄美で、「奄美らしさ」のひとつが失われることに、少なからぬ危惧を覚えるものである。

沖縄の王制と墓制

奄美の墓制で述べたように、沖縄の伝統的葬送は、洗骨を伴う風葬であった。戦後は火葬場の整備とともにその風習も途絶え、現在ではほぼ完全に火葬へと切り替わってしまった。

かつての風葬の名残りは、沖縄の伝統的な墓「破風墓《はふばか》」や「亀甲墓《きっこうばか》」（口絵13、14）に見ることができる（破風墓、亀甲墓については後述）。しかしながら、破風墓や亀甲墓は今に伝わるものの、次第に本土並みに石塔型の墓に置き換わりつつある。

沖縄における墓地の使用形態は五つに大別される。

①父系一族が入る門中墓
②門中から分かれた兄弟墓
③友人や知人で共同所有する模合墓《もあいばか》（寄合墓）
④家族で所有する家族墓
⑤村落で所有する村墓

そして、墓地に立てられる墓の形態は2つに大別される。横穴式と平地式だ。横穴式は、自然の地形を生かした洞穴墓の他、崖に横穴を掘った掘込墓、さらに破風墓、亀甲墓などの種類がある。

夭折した子どもを弔う箱型墓

平地式には破風墓を簡素にした家型墓、夭折《ようせつ》した子どものための箱型墓などがある。沖縄の墓は本土の石塔墓とは大きく異なる意匠だ。王朝国家の葬送文化の影響を多分に受け、独自の墓制へと発展した。

まず、琉球王国について簡単に解説しよう。琉球王国は1429(正長2)年から1879(明治12)年までの、およそ450年間続いた王政国家である。ひとつの政権がこれほど長く続いてきた例は世界的に見ても稀有である。

沖縄では王国が誕生するまでは「按司《あじ》」と呼ばれる豪族が乱立していた。彼らは各地に城(グスク)を築き、その名残りを今に見ることができる。この群雄割拠の状態を治め、統一したのが、沖縄南部の按司であった尚巴志《しょうはし》だ。初代国王に父、尚思紹《しょうししょう》を推し、尚巴志は二代目国王となった。

だが、その40年後、北部にある伊是名《いぜな》島の農民出身の尚円《しょうえん》（金丸《かなまる》）がクーデターを起こし、政権を奪取する。以来、明治新政府に最後の国王尚泰《しょうたい》が追放されるまで王制は続いた。最初の尚巴志とその一族による体制を「第一尚氏王統」、尚円以降の体制を「第二尚氏王統」と呼んでいる。第一尚氏王統の時代は七代63年間で終えている。

中国大陸や日本本土に近い琉球王国は、常に外圧に脅かされる存在だった。しかし、小国なりの賢明な立ち振る舞いによって、権力を永らえさせることに成功。中国の支配下に入りながら、幕府や薩摩藩にも従属するという立場をとっていた。同時に、海洋国家として日本や中国、東南アジアと盛んに交易し、栄えた。そうして琉球王国は多様な文化、風習が入り混じる独自の民族国家として成熟していった。

したがって、沖縄の伝統的な葬墓制は、本土とは大きく異なる、琉球独自の形態と言ってよい。

破風墓と亀甲墓の源流

沖縄における有力者の墓制の源流を、沖縄北部の今帰仁村《なきじんそん》運天集落に見ることができた。運天という名は、保元の乱において伊豆大島に流された源為朝《ためとも》が船に乗って逃れたものの嵐に遭い、「運に天を任せてたどり着いた」ことが由来とされるが、その真実は定かではない。

その源為朝の上陸の碑がある小高い丘に登ると、その途中の崖の斜面に複数の洞窟が確認できる。一部の洞窟は板で目隠しがされている。それが昔の風葬の跡であり、埋葬地でもある掘込墓であることが確認できる。

特徴的なのは、いくつかの墓は、洞窟の前に迫り出すように、半月型の石垣で囲われた特徴的な形状をしている。まるで露天風呂のようだ。その石垣の中程には、墓所の中が覗けるように小さな孔《あな》が開けられている。ここは、「百按司墓《ムムジャナバカ》」と呼ばれる、豪族

百按司墓（沖縄県国頭郡今帰仁村）

の集団埋葬地だ。

被葬者は、この地を席巻した多くの按司たち。古いものでは、王国が発足する前の14世紀の墓もある。紺碧《こんぺき》の海が眺望できる崖に、60ほどの洞穴墓が残っている。

墓の中にはかつて、遺骨を入れた漆塗りの木棺が置かれていた。その一部が、かろうじて残されている。

周囲は植物で覆われ、多くは沖縄の自然に飲み込まれようとしている。中を覗き込むとドキッとする。そこは珊瑚《さんご》砂と砕けた古い人骨が混じり合った、聖なる空間になっており、神々しさすら感じさせる。

洗骨後の遺骨を入れた厨子甕《ずしがめ》が複数、そのままに残されているのを確認できる（口絵15）。割れた甕もあり、大腿骨がニョキッと姿を見せている。埋葬後、数百年が経過していると は思えないほど保存状態はよい。厨子甕は細かい装飾が施されたものもあり、被葬者の身分の高さを窺い知ることができる。

墓の前には、拝所（ウガンジュ）が設置されている。筆者が訪れたのは、沖縄における墓参りシーズン「清明祭（シーミー）」の時期（4月）であった。さほど整備されていない山道にありながら、度々参拝者が祈りを捧げにやってくる。

地元のある男性は、毎年この時期に重箱料理をもって門中墓や関連する墓所を15ヶ所詣り、最後に百按司墓に詣るのが習わしだと語った。つまり、700年も前の百按司墓は、今なお「現役」の墓なのだ。同時に沖縄の風葬の姿を今に伝える貴重な遺構でもある。

さらに足を延ばし、運天港からフェリーで1時間のところにある伊是名《いぜな》島に向かった。伊是名玉御殿《たまうどぅん》を見るためである。

玉御殿は、海に突き出た小山の崖にある。急斜面に古い参道が延び、その向こうに城郭のような石造建築物が立っている。中には家型墓が置かれ、中国産の青石でできた厨子甕が安置されているという。この陵墓には島出身の第二尚氏初代尚円の父母や親族が葬られているとされている。

その後の第二尚氏王統の陵墓は、王家の威光と権力を感じさせる規模になっていく。尚真王が、父尚円王の遺骨を改葬するために造ったのが、首里城の近くにある玉陵《たまうどぅん》だ。1501年築造である。

玉陵もまた、自然の崖壁を利用し、横穴を掘って造られている。石垣で囲まれた墓域に入ると前庭があり、中門をくぐると石の建造物が見えてくる。構造は3つの棟が長屋状に並んだ形状だ。墓域には真っ白な珊瑚砂が敷き詰められている。青い空、褐色の石、白い砂のコントラストが実に美しい。先の伊是名玉御殿にも類似した意匠だが、首里の玉陵のほうがはるかに規模は大きい。まるで要塞のような構えだ。墓域は2442平方メートルある。

伊是名玉御殿（沖縄県島尻郡伊是名村）

玉陵（沖縄県那覇市）

玉陵は隣接する首里城を模して造られたともいわれており、確かに陵そのものが王宮のようにもみえる。塔のような建造物もついていて、上部には墓所を守護する獅子が鎮座する。

3つの棟のうち、中央の部屋は洗骨するまでの遺体を放置、白骨化させる部屋だ。東側は洗骨後の歴代の王と王妃の遺骨が納まる部屋である。

最後の王は1920（大正9）年に逝去した20代当主尚典《しょうてん》であり、1931（昭和6）年に亡くなった祥子夫人は玉陵の最後の被葬者となった。むろん、風葬による埋葬である。西側はその他の王族の墓になっている。内部の様子の写真や一部の厨子甕は、玉陵の資料館で見ることができる。

玉陵は沖縄戦で砲撃を受け、かなりの部分が破壊された。本土復帰後の1974（昭和49）年から3年かけて修復されている。2000（平成12）年に世界遺産となり、2018（平成30）年には国宝に指定されている。

この王家のための墓は、沖縄の各地でみられる破風墓《はふばか》の原型となった。「破風」とは、屋根の妻側の造形のこと。寺院など、日本の伝統的な建築によくみられる。破風の屋根のついた墓であることから、このような名称がついた。

破風墓は王朝時代、庶民は造立することが禁じられた特別な墓であった。だが、廃藩置県を経て1879（明治12）年に沖縄県が設置された後、破風墓に憧れをもつ沖縄の庶民に広がっていったとされている。玉陵に源流をもつ破風墓は、今でも格式の高い墓だ。

沖縄の墓地に入ると、ミニチュアの神殿のような豪壮な墓に出会えることだろう。古い破風墓は崖壁を背にして横穴が掘られ、最奥部が納骨室になった構造をしている。

破風墓は、本土の石塔墓とはまったく異なる規模と造形だ。墓の前部には広場が設けられており、大きいものになると間口が10メートルほどのものもある。

しかし、近年は簡素化によって、面影を残したままのコンパクトな破風墓が好まれるようになってきた。破風墓の平地・簡易型として、家型墓が登場。また、家型墓をさらに小さくし、本土並みの規模になったものも増えている。ファサード（外見）にのみ柱と屋根などの破風墓の意匠を残しつつも、奥行きはほとんどない、舞台セットのような破風墓まで登場している。

400年の歴史をもつ亀甲墓

亀甲墓は破風墓同様に独特の形状をした、わが国では沖縄固有の墓だ。その規模は破風墓以上に大きく、家一軒分ほどの広い敷地をもつ亀甲墓も少なくない。

全体が漆喰《しっくい》やコンクリートで造形され、曲線が多く、有機的なデザインをしている。屋根は文字通り亀の甲羅が被さったようなドーム型になっている。

これは「死後は母の胎内に戻る」という中国由来の思想のもとに、女性の子宮を模したともいわれている。だが、近年は本来の亀甲墓の規模も小さくなり、平地の墓所に部屋を囲って、亀甲の天井を被せた形状のものが多くなっている。

亀甲墓の起源は17世紀だ。1686年に築造された、恩納《おんな》村出身の武将護佐丸《ごさまる》の墓、あるいは1687年に完成した琉球王族、伊江家の墓といわれている。

護佐丸の墓は、中城城《なかぐすくじょう》（中城村）近くの丘にある。護佐丸は15世紀、二代国王の尚巴志らに仕えた按司であった。だが、六代尚泰久の時に謀反《むほん》の疑いをかけられ滅ぼされてしまう。

死後も不遇の扱いを受けた護佐丸やその一族であったが、1686年になって子孫によって現在の亀甲墓が建立された。現存する沖縄最古の墓といわれ、亀甲墓の歴史の証人になっている。その造形は、緩やかに盛られた土饅頭の下に石室があるイメージだ。

護佐丸の墓の造立以来、亀甲墓は士族の間で流行をみせた。そして破風墓と同じく、明治の廃藩置県後に一般庶民にも造ることが許され、一般に普及していく。

護佐丸の墓（沖縄県中城村）

亀甲墓の分布域は、沖縄県最北の有人島、伊平屋《いへや》島から、西は与那国《よなぐに》島まで広い。だが、伊平屋島の西50キロメートルほどにある奄美群島の与論島には、亀甲墓は存在しない。

国境を越えれば台湾および中国の華南（福建省）にも亀甲墓に酷似した「唐墓」が広がっている。そのことから、亀甲墓の起源は中国と考えられる。

破風墓も亀甲墓も造形は異なるものの、墓としての機能はほぼ同じである。大きいものでは、石室は数畳もの広さがある。広い石室の入り口部分は「シルヒラシ」と呼ばれる空間だ。そこは棺に入れた遺体を風葬、つまり白骨化させる場所である。

死後、数年経ってから女性が泡盛などで洗骨し、大型の骨壺「厨子甕」に納め直す。部屋の奥はひな壇状になっていて、古い遺骨ほど奥に安置する。最奥の棚はくぼんでいて、三十三回忌を終えた「ご先祖様」を合祀する場所（ノーシ）になっている。じつに合理的な構造だ。

破風墓や亀甲墓など沖縄の墓の最大の特徴は、墓室の前に広い墓庭（ハカヌナー）を造り、石垣で囲っているところである。これは清明祭で門中が集まり、宴会を開くための空間だ。ちなみに、沖縄の墓は形状こそ異なるものの、同じく中国の影響を受けた長崎県の墓とその参り方が類似している。長崎のお盆の墓参りでは墓域に絨毯《じゅうたん》を敷いて宴会を開くのが習わしだ。長崎は沖縄よりもさらに派手な宴会で知られ、ロケット花火まで打ち上げる。しかし、近年は防火上の問題などもあり、その風習も縮小傾向にある。

さて、沖縄の清明祭では、重箱料理を持参し、泡盛や果物などと一緒に墓前に供える。さらにウチカビと呼ばれる擬似紙幣、つまりあの世で使うおカネを燃やす。線香も本土のものとは異なり、平たいもの（ヒラウコー）だ。

家族が亡くなって最初の清明祭には、ユタを呼ぶケースもある。

沖縄では、本土以上に丁重に先祖供養をしてきた。それは墓の規模にも表れている。しかし近年は核家族化、高齢化などによって墓じまいの波が押し寄せている。

また、風葬が途絶えたことで、墓を大きくする必然性がなくなっている。そのため近年では、本土と同様の石塔墓を建立するケースも増えてきている。破風墓や亀甲墓も、将来的には消えてしまう運命かもしれない。

米軍基地に飲み込まれた墓

沖縄戦の時は、破風墓や亀甲墓を「防空壕」として利用した人も少なくなかった。亀甲墓は米軍の爆撃の標的になって、かなりの墓が壊された。また、戦後米軍基地の造成によっても相当数の墓が消えた。

普天間基地（宜野湾《ぎのわん》市）には、滑走路から伸びる誘導灯の脇に複数の大きな亀甲墓や破風墓が残されている。フェンス越しにもはっきりとその姿をとらえることができる。遺族は春の清明祭に米軍の許可を得たうえで、基地内に入って墓参する。ゴルフ場のように整備された芝生の上に、沖縄古来の墓が残っている様は、どこか異様である。

なかにはフェンスの下に潜り込んだ墓もある（口絵16）。常に自由に参拝できる状態か、米軍の施政下での墓参りを余儀なくされるか。紙一重の立地の違いによって、運命は分かれてしまったのである。

普天間基地内には500区画以上の墓が残されているという報告がある。この地に立てば、戦後の沖縄の基地造成が、沖縄の人々の弔いまで無視して造られたことが、ひしひしと伝わってくる。

なお、琉球王朝を樹立した尚巴志、および四代目までの墓は嘉手納基地の弾薬庫指定区域内にある。第一尚氏王統の墓は、元は首里の陵墓（天山陵）にあった。だが、第二尚氏王統を樹立した尚円によるクーデターによる破壊を避けるため、ここ読谷《よみたん》村に隠されるように改葬されていた。そして太平洋戦争を経て、米軍の弾薬庫の一角となったというわけだ。

尚巴志は「沖縄の祖」ともいえる重要な偉人であるが、第二尚氏王統の玉陵の荘厳な構えとはまるで異なり、実に簡素なつくりなのが驚きだ。権力闘争の末の、敗者と覇者の死後の形をこの地に見ることができる。

男女で分けられたアイヌの「クワ」

北海道の先住民族アイヌ。彼らは大自然に寄り添い、ありとあらゆるものに魂の存在を認めながら文化的生活を営んできた。明治以降の北海道開拓における同化政策は、アイヌの生存権を奪うことになり、全道におけるアイヌの割合は現在0・3パーセントにまで減少している。アイヌは男女別葬の形態をとる特殊な葬送文化であったのだが、その墓は研究のために暴かれ、本土並みの墓石へと立て替わり、その姿を消しつつある。

アイヌは部族の長老（エカシ＝祭司）を中心にして、カムイ（神々）を祀る様々な儀式を伝承してきた。アイヌの人々が考える聖俗の世界は3つの種類がある。カムイモシリ（神々が住む世界）、アイヌモシリ（人間が住む世界＝現世）、ポクナシリ（死後世界）である。

アイヌにおける他界観では、故人はあの世でこの世の暮らしの続きを送るとされる。現世と来世が地続きなのだ。しかし、来世においては天地や季節などがこの世のものとは真逆であるとしている。また、来世では食料の生産ができない。そのため、子孫が先祖供養を行うことにより、その供物に頼って暮らしを営んでいると考える。そして、死者は再び現世に戻り、生まれ変わるとされている。

つまり、この世の生活が終わって、あの世に行けば、またそこから新しい生活が始まるという考え方なのだ。仏教では生者が時間をかけて供養を重ねることで、最終的に死者が極楽に往くという考え方で、極楽は苦のない世界であると説く。日本の仏教とアイヌの他界観は大きく異なる。

アイヌは、この世とあの世とが密接に影響し合う。したがって、先祖供養はアイヌの人々にとって最重要儀式となる。先祖供養のことをアイヌは、「シンヌラッパ」「イアレ」などと呼んでいる。供物は豪華で、トノト（酒）の他、団子、汁物、山菜などの煮付け、刻みタバコ、果物、飲み物など故人の好みのものをたくさん用意する。シンヌラッパは、囲《い》炉裏《ろり》（炉）を囲んで行われる。

ちなみに、伝統仏教で見られる仏壇や墓に対する先祖供養の形態は、アイヌにはない。しかしながら、同化政策によって伝統的なアイヌ固有の祭祀儀礼は廃れ、本土からやってきた仏教による先祖供養に置き換わっていった。

現在、アイヌの多くは本土並みに竿石型の墓石を立てることが多いが、アイヌ人墓地を訪れれば墓の片隅に、アイヌの伝統的な墓標が立っているのを見ることができる。このアイヌの墓を「クワ＝杖」という（口絵17）。クワは一見すれば、丸木の杭を打ち込んだだけのような簡素なものだ。死者があの世へ向かう時の杖代わり、というわけだ。クワは、ライラックの一種ハシドイの木で作られ、意匠は男女別になっている。

男性のクワの先端は矢じりを模した尖った形状をしており、女性のクワは針の頭部を模して丸く穴が空き、そこに黒い布が通されている。アイヌでは「男らしさ」「女らしさ」を重要視していることが、墓制からも窺い知ることができる。クワには死者の名前や没年などの文字が刻まれないのが通例だ。

墓には、男性なら刀などの狩猟用具、女性なら針と糸、鍋などが副葬品として納められる。男女共通の副葬品は小刀である。墓標は朽ちても立て直されることもない。本州における両墓制の埋め墓との共通点が多いが、因果関係はないと考えられる。

この墓標はムラ人手製のもので、1つとして同じ意匠のものはない。死者が出るとハシドイの木を切り、墓標の形に整えていく。そして、先端に黒い布が結びつけられ、遺体が安置されている家の中へと運び込まれる。

遺体はアイヌの上布で丁寧に巻かれ、本土のように木棺には納められない。遺体の搬出には玄関は使わず、北西の壁を破って外に出す。そして、遺体はムラの共同墓地へと運ばれていくが、葬列が見えなくなったら壁の穴が塞がれる。死霊が家の中に戻ってこないようにするためである。

墓穴はムラの男たちによって掘られるが、その際、女たちは近くで火を焚《た》く。アイヌにとって火は神であり、死者と寄り添ってくれると信じているからである。遺体は東を頭にして埋葬される。そして、男性は頭の左側、女性は頭の右側に墓標が突き立てられる。

またアイヌでは、埋葬後は墓参りはしないのが決まりだ。あるアイヌの血を引く長老は、

「向こうの世界の神になるのだから、この世に戻ってきてはいけない。だから、生者が死者を振り返らせるようなことをしてはいけないという考えがあります。なので、墓は次第に森に飲まれ、自然と同化していくのです」

と話した。

肉体は自然に還し、墓も残さない。そのためその先祖供養は、炉前での儀式シンヌラッパのみにあるといえる。「墓（骨）」に対しては、供養をしない。骨が埋まった墓に霊魂が宿るという考えはアイヌにはなく、あくまでも神霊としての「見えざる存在」に対してのみ、供養を行うのである。

死後の霊魂に対する考え方については、文化人類学者の山田孝子が『アイヌの世界観』の中でこう紹介している。

「あの世を反転した世界とみなすことや、ヨモツヘグイ（筆者注：あの世の食べ物を食べると、再びこの世に戻ることができないこと）の考えかたなどアイヌの他界観のなかには各地の民族で認められる要素がいくつかあるが、なかにはアイヌに特徴的な考えかたを認めることができる。たとえば、幽霊は異なる世界を訪れた時の仮の姿であり、異なる世界からの

訪問者は目には見えないということである。つまり、死者が生者に対して幽霊と映るのと同様に生者は死者に対し幽霊と映るのである。幽霊はあの世で神となった死者の仮の姿にすぎず、恐ろしい超自然的存在ではないのである」

だが、そんなアイヌの死後祭祀を蹂躙《じゅうりん》してきたのが、明治維新以降の日本人であった。日本人の起源を探るため、文化人類学的・医学的研究のためにアイヌの墓を発掘。遺骨を大学の研究施設などで保管してきた。発掘は1970年代まで続いた。保管に関しても、骨ごとに分離して保存することもあり、人道上配慮に欠けたものであった。

発掘され、大学（北海道大学、東京大学、札幌医科大学など12大学）で保管されている遺骨は、文部科学省が2019（平成31）年に行った調査では2000体近くに及ぶ。身元が判明しているのはごく一部だ。近年は、アイヌの団体による遺骨返還訴訟が続いている。

遺骨や副葬品のうち、ただちに遺族に返還できないものについては、2019（令和元）年に完成した民族共生象徴空間ウポポイの慰霊施設に集約され、祀られることになった。

第 6 章

生きた証としての墓、証を残さない墓

—— 骨仏《こつぼとけ》からコンポスト葬まで

無縁墓にしないための合祀墓の歴史は古い。不特定多数の人々が集まって1つの墓を形成することで「生きた証」を残す。それは、庶民の智慧《ちえ》の結実ともいえる。究極の合祀墓は、大阪・一心寺《いっしんじ》の骨仏《こつぼとけ》だ。無数の遺骨を粉末にして仏像に造形することで可視化され、永久に祀られる。自分の遺体を「医師の卵」に提供した後の献体の墓からは、少子高齢化、核家族化などの社会構造の変化を見ることができる。

遺骨で仏像をつくる

大阪府には3369もの寺があり、愛知県（4533か寺）に次いで2番目に寺院数が多い都道府県だ（文化庁「宗教年鑑」令和4年度版より）。なかでも聖徳太子が建立した日本最初の官寺、四天王寺は仏法興隆の一大聖地として知られている。その四天王寺からほど近い場所に、四天王寺以上に賑わいをみせる寺がある。日本人にとって四天王寺が「信仰」の起源ならば、その寺は「永代供養」の源流にある寺だ。

大阪府天王寺区茶臼山にある浄土宗・一心寺は「骨仏の寺」として知られている。骨仏とは、無数の遺骨を粉末状にして固め、仏像にしたものだ。一心寺には現在、8体（通算では14体だが戦時中に焼失）の骨仏が安置されている（**口絵18**）。

東北などでは、僧侶自らが衆生済度《しゅじょうさいど》を願って生きながら土に埋まり、〝ミイラ〟になった「即身仏」が存在するが、その「大衆・遺骨版」といえるのが一心寺の骨仏だ。2005（平成17）年には大阪市の無形民俗文化財に指定された。

一心寺の開山は平安末期の1185（文治元）年のこと。当時、京都にいた浄土宗の開祖法然が四天王寺の管長の招きで大阪に入った。そこで、四天王寺の境内にあった草庵「荒陵《あらはか》の新別所《しんべっしょ》」で日想観の修行をしたのが、一心寺の始まりとされている。日想観とは大乗経典の観無量寿経《かんむりょうじゅきょう》に説かれている修法で、夕陽を拝みながら西方極楽浄土を想うことである。

一心寺は戦国時代までは、四天王寺の付属の「源空庵」と呼ばれていた。「庵」なので、正式な寺院として位置づけられてはいなかった。

関ヶ原の戦いがあった1600（慶長5）年、徳川家康の八男仙千代《せんちよ》が5歳で夭折。一心寺でその葬儀が執り行われることになった。その時の導師を務めたのが、家康と同郷三河出身の一心寺の第31世住職、存牟《ぞんむ》であった。

源空庵は仙千代の葬儀をきっかけにし、その後の法要を司るなど、家康のひいきを受けていく。そして四天王寺から独立した寺院として、正式に境内地が与えられた。1614

（慶長19）年の大坂冬の陣の際には、家康は大坂城からちょうど一里離れたこの寺を茶臼山本陣とし、指揮に当たった。

その後、一心寺は幕府の庇護下に置かれることになる。檀家を持たず、寺社奉行が直轄する特別寺院として発展していった。だが、江戸末期に幕府の力が衰えだすと、資金難に陥る。寺社奉行の統治も効かなくなって荒廃しだした。

一心寺縁起の１８０２（天保２）年の記述を見ると「他宗之僧入リ込ミ無住寺之事」と記されている。つまり、住職が不在となり、浄土宗以外の僧侶が入り込む、無法状態の寺院と化していたのである。

統治能力が失われた一心寺に対し、幕府は外部者の出入りを容認せざるを得なくなっていく。幕府は庶民が出入り自由の寺として正式に許可。その背景には、そもそも一心寺は檀家を抱えていなかったため、さほど問題が生じなかったことがあると考えられる。

江戸時代、大坂は日本一の商業都市であった。商店や卸問屋《おろしどんや》などが建ち並び、活況を呈していた。大坂における商業を下支えしていたのが、各地方都市から出てきた「丁稚《でっち》」である。田舎の貧しい家庭から出された次男坊以下の男子が、大坂などの商業都市に丁稚に出て、奉公に励んだ。

丁稚は故郷に戻れる機会が年に何度もあるものではない。そこで、彼らは故郷の檀那寺《だんなでら》に替わって、自由に出入りができる一心寺に参詣するようになった。

すると、一心寺には丁稚らによる先祖供養の要望が相次ぐようになる。そうしたニーズに応えるべく、一心寺は江戸末期から施餓鬼《せがき》供養を引き受けるようになった。

施餓鬼供養とは、無縁の精霊や先祖の霊を供養するための仏教行事だ。通常、夏のお盆の時期に行われることが多いが、一心寺では1年を通して施餓鬼供養を実施している。一心寺は「おせがきの寺」として大いに賑わうことになった。

明治時代に入って信教の自由が認められると、全国の寺院では檀家との結びつきが弱まっていく。江戸時代に丁稚奉公として故郷から出てきた次男坊らは、すでに大阪に定着しており、親や自分たちの遺骨の供養を、田舎の菩提寺に頼らないケースが増えてきた。そこで、施餓鬼供養を実施していた一心寺にニーズが集まり出す。

「本家から分骨した遺骨を持ち込めば供養してもらえる」

そう考える市民が続々現れ、寺もその要望に応えていくのである。

遺骨供養の噂はますます広がり、近畿一円から骨壺が集まり出した。連日、骨壺を抱えた人々が押し寄せた。宗派を超えて供養を請け負う一心寺に対する市民の期待感は大きく、

「行き場を失った骨」の受け皿になっていったのだ。

この、「田舎から出てきた人々が遺骨の供養に困る」構造は、今でも全く同じである。最終的には田舎の墓を墓じまいし、都会の永代供養納骨堂に移す。現在の永代供養の源流は、一心寺の骨仏にある。

数多の遺骨を受け入れ始めた一心寺。1868(明治元)年から1887(明治20)年までの20年間で、境内の納骨堂は満杯になってしまった。

納骨堂のキャパシティの限界がきたことが、骨仏の嚆矢となった。当時の住職が考案したのが遺骨を仏像に転用すること。人骨を粉砕して容量を減らし、それを原材料にして浄土宗が帰依する阿弥陀如来像にするアイデアだ。仏像に造形することで、遺族だけでなく、時の住職や参拝客に供養し続けてもらえるという、実に斬新な発想であった。

人骨を信仰対象にするという事例は世界を見渡しても、一心寺の他にはない(現在では一心寺のやり方を模倣した骨仏が国内に複数存在する)。

その骨仏の造形方法だが、まず人骨を石臼で粉末状にするところから始まる。そうして粉末にした人骨を布海苔(現在はセメント)で練り合わせ、阿弥陀如来像の鋳型に流し込んで形成するのだ。像高は5尺(約1・5メートル)ほどである。

第1期の骨仏は、1851（嘉永4）年から1887（明治20）年までの36年間に集められたもので建立した。集められた遺骨は5万柱以上に及んでいる。

その後は、約10年間を1期として1柱の骨仏を造立する内規が定められた。2期目（1888〜1898年）は7万3600柱、3期目（1899〜1908年）は12万9000柱、4期目（1909〜1918年）は14万7400柱、5期目（1919〜1928年）は16万8300柱である。戦前までに計6体が造られた。

だが、第二次世界大戦中の空襲で伽藍もろとも焼失する。そのため6体分の焼け残りを集めて1体分に整形し直し、戦後も骨仏事業は継続された。現在では、遺骨が10年分（約15〜20万体）集まった時点で、阿弥陀如来1体を建立している。

骨仏は、本堂脇の骨仏堂にずらりと並べられており、年代の古いものは煤《すす》で黒ずんでいるが、最も新しい第14期（2007〜2016年）のものは、遺骨そのものの白みを帯びている。

なぜ骨仏は人気なのか

2017（平成29）年、最も新しい骨仏の開眼が行われた。造立されて間もない骨仏は、遺骨の色がそのまま残り、純白だ。だが、次第に蠟燭や線香の煤《すす》がついて黒ずみ、風格がでてくる。

期を重ねるにつれ、1体ごとの人骨の量は増えていった。昭和初期の一心寺縁起では、「わが大阪市の膨張していく順序が、この骨仏の上にも現れているから面白い」としている。戦後から2006（平成18）年まで、1体あたりの納骨数は約13万〜16万柱で推移してきた。

分骨用に小分けされた骨の場合は、さほどの分量にはならない。なかには全骨を納めたいというニーズもあり、一心寺側は応えてきた。それでも、10年間で1体の造形ペースは保ってきた。

それが、直近の2007（平成19）年から2016（平成28）年までの納骨数が22万柱と急激に増え、いよいよ「供給過多」になってきたのだ。増えた分は蓮台や光背《こうはい》を大きくすることなどで対処してきたが、それも限界点を迎えているという。

一心寺の納骨が増えている背景には、一族の墓に入らない「永代供養」ブーム、そして墓じまいや改葬の増加がある。骨仏の本来の「分骨供養」を誤解し、全骨が持ち込まれるケースが多くなってきたのである。なかには火葬後すぐに持参してくるケースもあるという。誤解を恐れずに言えば、「遺骨処理」のような感覚だ。

さらに、墓じまいした後の古い遺骨を持参するケースも後を絶たない状態だ。関西では骨壺から取り出し、土に還す埋葬法が主流である。こうした遺骨は土が混じり、骨仏の造形に支障をきたす。いずれにしても一心寺では、ここ数年で過剰に遺骨が持ち込まれ、受け入れが限界になってきている。

今後の納骨数を予測すれば、減っていくことは考えにくい。すでに日本は多死社会に入っているからだ。現在、死者数は年間１４０万人ほどであるが、２０３０年には１６０万人を突破、２０６０年以降も年間１５０万〜１６０万人レベルの死者数が続くことが予想される。

筆者が訪れた時、一心寺の受付には平日の雨天にもかかわらず、30人ほどが並ぶ盛況ぶりであった。近年、一心寺に持ち込まれている遺骨は1年で1万６０００〜２万柱。つまり1日平均50柱以上が寺に持ち込まれる計算になる。

境内は、いつも多くの参拝客が行き来している。新規に遺骨を持参する人だけでなく、すでに過去に納骨を済ませ、先祖が入る骨仏の前で手を合わせる人々だ。骨仏は遺族だけでなく、大勢の信仰の対象にもなっているのだ。

しかし、なぜそれほどに骨仏が人気なのか。

それは、身も蓋もない言い方をすれば「料金が安い」からである。納骨冥加料《めいかりょう》は小骨や分骨で1万〜2万円。胴骨を含む容量の多いケースや全骨で1万5000〜3万円である。たとえば、東京都心部の自動搬送式永代供養納骨堂（後述）では1柱あたり90万円前後であるから、一心寺の納骨冥加料は破格といえる。

よって、生活困窮者が一心寺に全骨を納骨したいというケースも少なくない。それを知る一心寺は、本来の骨仏の趣旨とは異なるものの、なるべく全骨を受け入れてきた経緯がある。

だが、そのことを逆手にとって、心ない考え方をする人も少なからずいるのも事実だ。最近では宅配便を使って遺骨を送り、永代供養してもらう「送骨」の手段で送りつけてくる遺族もいるという。一心寺では送骨は、送り返している。

一心寺は、「納骨件数の増加と胴骨の急増、さらに遠隔墓地の墓じまいなどによる大量・多数のご遺骨にどう対応すればよいか？　一心寺目下の重大問題であり、方針をあいまいにしたままでは済まされない急務」と表明。2021（令和3）年より、直径9センチメートル、高さ11センチメートル以下の小骨壺のみ受け付け、改葬（墓じまいによる納骨、遺骨の移動）納骨は一切受け付けないという。

故郷やご先祖様を思う「供養の心」があってこそ輝く骨仏である。一心寺の納骨堂の前で手を合わせる人々を見ると、多くは心のある人だと感じる。一方で、弔いを合理的にコスト重視で考える人もいる。先人が育んできた葬送文化や風習が、風前の灯である。

企業墓という文化

墓に祀られる対象は、なにも人間や生き物だけではない。「企業」や「組織」をも供養する不思議な風習が、わが国にはある。「企業墓」と呼ばれる慰霊碑である。企業墓は、歴代の経営者や従業員、あるいは企業に関わってきた故人を供養する。毎年、創業記念日などのタイミングで、経営者らが現地に足を運び、慰霊を行う大企業も少なくない。

企業墓を建立する目的は企業それぞれだ。概して、次のような思いが込められている。

①創業者の功績をたたえ、弔う（創業者の墓と同じ区画に企業墓を立てることもある）
②従業員（やOB・OG）や、関連会社の物故者を弔う
③株主や取引先などのステークホルダーを弔う

④工事や製造過程、サービスを提供する過程などで、命を落とした者たちを弔う
⑤組織の永続性、発展を願う
⑥役員や従業員の無病息災を祈る
⑦企業墓に詣ることで日々の業務での反省を促し、過去の不祥事、事故などを懺悔《ざんげ》し、戒めとする
⑧企業墓参拝を、新入社員や管理職の研修にからめて行う
⑨シンボルマークなどを企業墓として造形し、企業PRに役立てる

つまりは、先人に思いを馳せることで「つながり」を意識させ、ひいては組織のガバナンスやコンプライアンス向上に結びつけようとするわけである。企業墓に、今は失われつつある「日本的経営」の姿を見ることができそうだ。

企業墓の発祥を探ることは、なかなか難しい。筆者が確認した限りでは、京都の島津製作所が最古であった。1910（明治43）年、京都の理化学機器メーカー島津製作所が、創業者島津源蔵（初代）の十七回忌法要を機に、島津家菩提寺である南禅寺塔頭天授庵に「島津製作所勤労者之墓」を建立している。島津製作所は1875（明治8）年創業で、明治の

近代国家を科学技術の側面から支えた老舗企業である。

天授庵の島津家の墓所には、初代島津源蔵および二代島津源蔵が埋葬されている。同時に、従業員の共同納骨塔「島津製作所功労者之墓」を設け、従業員の遺骨を納骨（分骨）している。これは、初代源蔵が生前、「従業員は家族だ」としきりに言っていたことによる。

企業墓は全国各地に点在する。東京・上野公園の弁天島や信州・善光寺などにも企業墓はある。だが、どちらかといえば関西に集中している。京都では、天授庵の他にも大徳寺や天龍寺などに企業墓がある。だが、「企業群」としてまとまって建立されているのが密教の聖地、高野山と比叡山だ。

「お大師さまのもとで、企業の存続と繁栄を願いたい」

そう考えた経営者らによって、多くの企業墓が立てられてきた。

企業墓建立の傾向として、高度成長期の日本列島改造で推し進められた土木・建設工事にて、殉職者を多く出した土木・建設会社が建立するケースが多かった。いずれにしても、欧米の合理主義型企業の経営者からみれば、企業墓の建立などは不可解なものとしか映らないであろう。

日本が誇る宗教遺産、高野山を訪れた。そこは1000メートル級の山々に囲まれ、標高８００メートルの山上盆地を形成する「天空の宗教都市」である。平安時代、弘法大師空海によって開かれた。空海自身が、その最奥部にある「奥之院」に入定。そのことで時の権力者らが次々とその近くに墓所を設け、その数30万基という途方もない霊場が完成したことは、第１章で述べた通りである。

企業墓群は、この奥之院を中心にして広がっている。高野山全体で、その数はおよそ１４０基にもなる。奥之院へと向かう参道には、企業名やブランド名を刻した石塔が立っている。伝統的な五輪塔の形状をしたものが約半数を占めるが、企業のシンボルを模《かたど》った現代的な石塔などもある。

高野山における企業墓の嚆矢は、大阪・心斎橋にある大阪朝日新聞の販売店北尾新聞舗が１９２７（昭和2）年に建立した五輪塔だといわれている。北尾新聞舗は、もとは江戸時代創業の老舗書店だった。１８７９（明治12）年、大阪で朝日新聞が創業。朝日新聞創業者の村山龍平が北尾禹三郎《うさぶろう》に対し、大阪一円の新聞販売代理業を依頼したのが北尾新聞舗のはじまりだ。同社には大阪における朝日新聞の独占販売権が与えられた。朝日新聞が日本を代表するメディアへと躍進する立役者が、北尾新聞舗だったといえる。

ちなみに北尾禹三郎は、ＳＢＩホールディングス社長で知られる北尾吉孝氏の曾祖父にある。同社の起業墓の弔いの対象は、創業家である北尾家一族と物故店員である。当時、新聞配達中に交通事故に遭い、命を落とした配達員もいたに違いない。

実は各紙新聞販売店は、物故者の慰霊に熱心な組織だ。高野山には他にも、「読売新聞販売人」が施主になった企業墓がある。また、横浜市鶴見区にある曹洞宗の大本山總持《そうじ》寺には、1950（昭和25）年に建立された毎日新聞販売店の慰霊碑がある。毎年、その年に亡くなった販売店主などの追悼法要が実施される。

高野山では北尾新聞舗に続いて、松下電器産業（当時）が企業墓を建立した。1938（昭和13）年のことである。当時、創業者の松下幸之助は44歳だった。

幸之助が電球ソケットを発明し、松下電気器具製作所を興したのが1918（大正7）年のこと。乾電池やラジオなどのヒット作を飛ばし、1925（大正14）年に「ナショナル」を商標登録している。企業墓を建立した当時は大阪府門真《かどま》市に本社工場を移し、その後の軍需産業の受注で大きく業績を伸ばしていた時期にあたる。

松下電器は戦後、高度成長期の白物家電をはじめ、日本経済を牽引する電機メーカーとして君臨する。2008（平成20）年、社名を「パナソニック」に変更した後は、企業墓も「パナソニック墓所」として再整備した。墓所は階段の参道が延び、企業墓群の中でも特に格調高いしつらいになっている。

企業墓のデザインは様々

高野山でもっとも目を引くのは、1969(昭和44)年に建立された新明和工業(兵庫県宝塚市)の企業墓だろう。ロケットのアポロ11号を模したステンレス製の慰霊碑である。高さは6・4メートルもあり、この前を通る参拝客は驚きの表情とともに、スマートフォンのカメラを向ける。

なぜ、ロケットのデザインなのか。企業墓が建立された同年、米国のアポロ11号が世界で初めて月面着陸に成功した。同社は航空機事業を手掛けており、宇宙産業に対して憧憬《どうけい》の意を込めて、この斬新な企業墓を建立したというのだ。

新明和工業は1918(大正7)年に創業した日本初の飛行機メーカー、日本飛行機製作所を前身にもつ。その後、川西機械製作所飛行機部となり、独自に飛行機を設計し、数々の名機を生み出していく。太平洋戦争時に活躍した戦闘機「紫電改《しでんかい》」など、その技術力の高さは世界にも知られていた。

しかし、終戦後の占領期にGHQの指導によって、日本企業による航空機の設計・製造が禁止されてしまう。戦後は事業を多角化せざるを得ず、航空機づくりの技術を活かして、オートバイやダンプトラックなどの製造を手がけていく。1960（昭和35）年に現在の社名になり、高度成長期以降は防衛庁から飛行艇の受注が入り出し、現在では米国ボーイング社の製造する航空機の主翼の部品などを手がけている。

新明和工業の航空機事業に対するこだわりと愛着は、ロケット型慰霊碑に加えて、さらに奥之院の一の橋付近に区画を設け、「航空殉難者之碑」を建設するに至った。こちらも航空機を模した斬新なデザインになっている。

新明和工業の企業墓

弔われる対象者は製造者、パイロット、乗客、乗員らと対象が広い。しかし、たとえば航空事故による殉難者の慰霊碑は、事故が起きた墜落現場に造るのが通例だ。

たとえば、1985（昭和60）年に起き、犠牲者520人にのぼる大惨事となった日本航空123便墜落事故。墜落現場である群馬県多野郡の御巣鷹《おすたか》山の尾根に「昇魂之碑」が建立され、毎年お盆の季節には大勢の遺族が参拝する。また麓《ふもと》の上野村にも、広大な「慰霊の園」が整備されている。

また、1982（昭和57）年の日航機羽田沖墜落事故では、24名が亡くなった。その慰霊碑は羽田空港内の公園ソラムナード羽田緑地の一角に存在している。

製品のシンボルをモチーフに

奥之院の企業墓の中で、製品のシンボルを供養塔のデザインに取り入れているのはヤクルト本社、UCC上島珈琲などである。

ヤクルトは1964（昭和39）年に慰霊塔を建立した。5段の石段を上がりきった右手に、あの国民的飲料ともいえる乳酸飲料ヤクルトの容器を模した石塔が立っている。実物の容器の色にも似せ、少し桜色がかった色味が特徴の万成石《まんなりいし》で造形されている。

左手には、灯籠のある「ヤクルト物故者慰霊塔」があり、正面の碑文にはこう書かれている。

「ヤクルトが今日の隆盛をみていることは同志が互《かたみ》に結束して健康社会建設に努力

を続けてきた成果であり本社設立以来既に十年の歳月を閲《けみ》した
本年は恰《あたか》も当山開基千百五十年祭に当るのでこの地を卜《ぼく》してヤクルト業界に従事していた物故者の御霊を合祀し併せて全ヤクルトの霊場として後世の人々の思出のよす

UCC上島珈琲の企業墓

ヤクルトの企業墓

がにすることにした
希《こいねがわ》くはこの塔が永く吾々業界の行く手を照らす燈火ともなって合祀慰霊の行事が熾《さかん》に継承されるよう業界人一同が祈りをこめてこれを建立した」

碑文は京都帝国大学医学部出身の医師、代田稔《しろたみのる》によるもの。代田は1930（昭和5）年、健康に役立つ乳酸菌の強化と培養に成功。その5年後に福岡県でヤクルトの製造、販売を始めたのが事業の興《おこ》りである。

慰霊碑が建立される前年の1963（昭和38）年、ヤクルトは婦人販売店システム（ヤクルトレディ）を導入した。ヤクルトレディとは、顧客の自宅やオフィスを訪問して商品を届ける販売システムのことだ。先の新聞販売店同様に、販売員あってのヤクルトといえる。従業員と顧客、そして社会のつながりを大事にしたい創業者の思いが伝わってくるようである。同社では毎年5月、その1年に亡くなった物故者の慰霊祭を大々的に実施している。

兵庫県神戸市に本社をおくUCC上島珈琲の企業墓には、巨大なコーヒーカップのモニュメントを置いている。1994（平成6）年に造立された。石を彫り上げてカップの取っ手を造形し、カップの内側に茶色の石を施しているところなど、細かい演出がみられる。

大阪で足袋《たび》・装束の店を起源にもつのが、靴下や肌着の製造メーカー、福助である。福助の企業墓には、あの福耳とちょんまげ姿が愛らしい「福助」像（商標）が、黒御影石で造形されている。像の土台は、富士山を模しており、ちょうど富士山の火口に福助が座っている姿が斬新だ。建立は1992（平成4）年である。

福助は、この企業墓を「感謝の碑」と呼んでいる。銘板には、こう記されている。

「この感謝の碑は　明治十五年創業以来社業の発展のため専心事業に精励された創業者を始め物故役員　社員諸氏と心魂傾けご協力頂いた方々の積恩に報いるため感謝の誠を捧げ　供養するために創業百十周年を機に建立したものであります」

福助は近年、新入社員研修をここ高野山で実施。奥之院の企業墓に参拝し、護摩祈禱を受けたり、座禅や写経をしたりして2泊3日の研修をこなす。自社や他の名だたる企業墓を見て回ることで、「老舗企業で働くという自覚と誇り」を認識することが狙いだという。

比較的、新しい企業墓が、印刷大手の凸版印刷（2023年10月より「TOPPANホールディングス」に社名変更）である。

凸版印刷は1900（明治33）年に創業の老舗企業。同年の出来事には、足尾銅山鉱毒事件、北海道拓殖銀行創業、パリ万博開催、義和団の乱などがある。同社は創業110周年を記念して、ここ高野山大霊園に企業墓を設置した。企業墓のデザインは「凸」の形状になっている。印刷には欠かせない「青・赤・黄」の色の三原色が墓に埋め込まれている。創業の地秋葉原にも同じデザインの5分の1のレプリカを建立した。

凸版印刷も福助同様、近年は高野山でリーダー層を対象に、企業研修を実施している。2020(令和2)年以降のコロナ禍では、企業墓参拝をオンラインで実施した。そこでは、研修講師による企業墓の解説に続いて、先人の碑への黙禱、さらには「建立之誌」を読み上げた。

「(中略)この不屈と進取の気象は、創業以来の精神として代々受け継がれ、それがトッパンの社風を醸成してきた。顧みれば、この赫々《かっかく》たる事績の革新には常に人の営みがあった。そして今日の社業隆盛に導いたのは、印刷の使命に燃え、身命を捧げた、過去数万人にもおよぶ先人である。

そこには、ひたむきな想いを成就するため奔走した創業者や、明日に向かって勇気ある一歩を踏み出した多くの人がいる。また、『誠意・熱意・創意』の三意主義を掲げ、彩りの知と技をもとに、心をこめた作品を創り出すため総合品質を追求し、津々浦々を駆けめぐり商いに励んだ人びとや、日夜生産に勤しんだ人びとがいる。さらには可能性の芽を育み研究に没頭した人びとや組織を調え成長を支えた人びとがいる。
私たちは『社会から信頼され尊敬されその上で強い企業になる』ことを旗印に、こうした先人の有意にして貴重な歴史的体験を、今後の事業展開に活かしていかなければならないのである」

従業員本位の企業墓

高野山には、日産自動車の企業墓もある。デザインも、新明和工業と引けを取らない斬新さだ。「物故従業員慰霊碑」との銘板があり、その向こうに2体の従業員のブロンズ像が立っている。

建立は1957(昭和32)年と、企業墓群の中では古参の部類だ。創業者の銅像にしなかったところが、かつては従業員本位の会社であったことを表しているようだ。

日産自動車の同時代を見てみると、4年前の1953(昭和28)年に労働組合(新組合)が結成されている。従業員本位の意匠になった背景には、組合の存在が見え隠れする。

近年の日産自動車の出来事といえば、2018（平成30）年11月にカルロス・ゴーン会長（当時）が逮捕され、その後、国外逃亡した経済事件を思い出す。ゴーン氏は同社が経営難にあえいでいた1999（平成11）年に、最高執行責任者（COO）として就任。欧米型の経営手法を取り入れ、大胆なリストラを伴うコストカット、徹底した成果主義を貫いた。ゴーン氏の手腕によって、確かに日産は再生した。

しかし、同氏をめぐっては、しばしば高額な報酬が話題になった。時に「グローバルスタンダードではゴーン氏の報酬は必ずしも高くはない。むしろ日本の経営者の報酬が安すぎる」などとの議論にも発展した。だが、結果的に同社の資産を私的流用するなどの不正の疑いがかけられ、日産は社会から糾弾されることになった。

日産自動車だけではない。大企業の不正は枚挙にいとまがない。近年、コンプライアンスや様々なハラスメントなどに関する社内教育は徹底しているはずだが、品質データの偽装など、悪意に満ちた不正が相次いでいる。その遠因に、企業墓の建立理念に見るような、日本型経営哲学が失われてきたことがあるのではないか。

企業墓を造り、参拝する行為は、「今の繁栄があるのは、先人たちのおかげである」という考え（＝仏教用語で「縁起」）そのものであろう。そこには、自社の売り上げや利益を達成するためには手段を選ばない、というような独善的な考え方は存在しない。

害虫や微生物を企業が弔う

しろあり供養塔

次に、ある業界団体の供養墓を紹介しよう。弔う対象は創業者や従業員、ステークホルダーたちではない。小さな「生物」だ。

奥之院の企業墓群の片隅に「しろあり　やすらかにねむれ」と揮毫《きごう》された大きな供養塔がある。これは、害虫駆除の業界団体である社団法人日本しろあり対策協会が１９７１（昭和46）年に建立したものである。大きな庵治石《あじいし》に黒御影石がはめ込んであり、真っ白な文字で先のように彫られている。

この供養塔の前を通り過ぎる観光客は一様に「なんだ、これは」と驚き、スマホのシャッターを押していく。それだけのインパクトと、妙な清々しさがある。

同協会は建立の趣意について、こう記している。

「(中略)生をこの世に受けながら、人間生活と相容れないために失われゆく生命への憐憫《れんびん》と先覚者への感謝の象徴であり、会の進展団結を祈念するものに外ならない。(後略)」

この供養塔の弔いの主役はシロアリである。しかしさらに、シロアリ防除に携わってきた功労者(人間)も合祀されており、現在120人以上が祀られているという。

私はこの供養塔を建立した日本しろあり対策協会の加盟社、静岡県浜松市中区にある鎌田白蟻《しろあり》を取材した。鎌田白蟻は長年熱心に害虫供養を続けてきた企業の1つである。

創業は1976(昭和51)年。高度成長期は、続々と住宅が造られるとともに、シロアリ被害も増えていった時期である。創業から半世紀ほどが経過し、静岡県西部から愛知県東部までのエリアの害虫駆除・予防を手がけるまでに成長した。

シロアリはゴキブリやトンボと並んで、数億年前の恐竜の時代からその種を維持している生物で、地球上で最も個体数の多い昆虫といわれている。倒木や落ち葉を食料にするだけでなく、プラスチックやゴム、コンクリート、金属まで食べるという。ありとあらゆるものを分解してくれるシロアリは、自然界にはなくてはならない昆虫だ。

だが、ひとたび家屋に侵入すると厄介なことになる。シロアリはコンクリートをも侵食し、発泡ウレタンなどでできた断熱材も食べ進んで蟻道《ぎどう》だらけにしてしまう。蟻道だらけになった建材に支えられた家屋は、地震などをきっかけにいつ倒壊の危険に晒されるとも限らない。シロアリは人間社会にとっては、脅威になりうる昆虫でもあるのだ。

鎌田白蟻では、シロアリが活動を活発化させる毎年4月から11月ごろまで駆除を行う。しかし決して、無用な駆除はしないと強調する。

「我々駆除業者は、殺す行為に慣れてしまう傾向があります。しかし、小さくとも命は命。命を奪わざるを得ない時は、慎重にならなければなりません」（鎌田白蟻）

鎌田白蟻では例年2月、創業家である鎌田家の菩提寺を会場にして社員全員が参加する供養を実施する。その日は、駆除の予約を入れないという。中小企業にとっては1日分の売り上げが立てられないことになり、また、お寺へのお布施も発生するが、「ここまで会社が成長できたのもシロアリのおかげ。そして、我々がやっていることは殺生であることには間違いありません。本当は1年に一度の供養だけでは足りないと思っています」という。

なんと、鎌田家の墓には先祖代々の遺骨に加え、シロアリの亡骸《なきがら》を納めている。供養では住職に「害虫有害鳥獣供養塔」と墨書きしてもらった札を祀り、読経と焼香をする。社員一同、読経の最中は、胸の中で害虫に対する謝罪を繰り返すという。

「一寸の虫にも五分の魂という言葉がある通り、害虫にも魂は存在すると信じています。我々が殺生をしていることに対して、純粋に謝罪をし、感謝の思いを伝えます」

人間が豊かな社会生活を営むためには、害虫の犠牲は致し方ないかもしれない。しかし、小さな命に対しても想像をめぐらせ、「おかげさま」の思いで供養を続けることがいかに大事なことか。しろあり供養塔は日本人の良心そのものと言っても過言ではないだろう。

もうひとつ、「シロアリ」供養塔に似た、企業墓が比叡山を越えた京都側にある曼殊院門跡にあるので紹介しよう。この企業墓が弔っているのは、微生物だ。施主は大和化成社長を歴任した故笠坊《かさぼう》武夫だ。

笠坊は長年、微生物を使ったビジネスに携わってきた。笠坊は戦前、微生物を使って酵素を大量に生成することに成功。当時、繊維業界では織物を織る際には糊《のり》を付着させるという手順を踏んでいたのだが、笠坊がつくった酵素は、その糊を落とす「糊抜剤《こばつざい》」に応用されていく。笠坊はいわば、戦前のアパレル業界の礎をつくり上げた人物といえるだろう。

1981（昭和56）年、笠坊は酵素工業の発展に伴い犠牲になった微生物を不憫《ふびん》に思い、京都・東山にある曼殊院に菌塚《きんづか》を建立する決意に至る。

いくら菌類が日本の工業会の発展に寄与したとはいえ、通常、微生物の死に思いを馳せるなどということは、よほどの想像力の持ち主でなければ難しい。だが、笠坊は違った。微生物とて、命は粗末にしてはいけない——。そう考えた。

菌塚建立のいきさつを、笠坊はこのように述べている。

「近年、学問のめざましい進歩により、新しい酵素が続々と開発されて、多くの分野に重要な役割を果たしていることはよろこばしい限りである。しかし、その光の影にひそむ目に見えぬ無数億の夥《おびただ》しい微生物の犠牲に、あまりにも無関心な人間の身勝手を反省し、菌恩の尊さを称えようと私は比叡山の西麓名刹曼殊院門跡の霊地に菌塚を建立した。(中略)菌塚はこれらもの言わぬちいさきいのちの霊に謝恩の意志をこめて建てたものであるが、同時に菌にかかわる人々が風光に勝れたこの地を時折訪れて、菌塚に話しかけ、しばし頭をやすめるとともに、菌類の犠牲に報ゆる仕事をなしとげることをめいめいが約束できたら、いかにすばらしいかと思うものである」(「菌塚建立のいきさつ」より)

菌塚のすごいところは、塚がただのシンボルではない点である。納豆菌などの一種である枯草菌の遺灰が入った漆塗りの容器と、陀羅尼《だらに》経の経筒をセットにし、丹波焼の容器に入れて密封。それを菌塚の地下に埋葬した。塚の揮毫は、応用微生物学の大家、東京大学名誉教授の坂口謹一郎である。

1981（昭和56）年5月16日、曼殊院門跡山口圓道《えんどう》によって除幕式が執り行われた。その際には伏見の酒「月の桂」が供えられ、参加者が一酌ずつ菌塚にかけて、菌への謝意を表現したという。言うまでもないが、日本酒の発酵には麴菌《こうじきん》が使われている。

菌塚は毎年5月第2日曜日に法要が実施されているという。

微生物の人類に対する貢献は、酵素工業に限ったことではない。日々の食卓ひとつ取っても、味噌や醬油を始めとする多くの発酵食品が並べられている。豊かな食事、健康長寿を見えざる微生物が支えていることに思いを馳せたい。

比叡山の企業墓

さて、高野山ほどではないが、天台宗総本山比叡山延暦寺にも複数の企業墓がある。場所は1977（昭和52）年に造成された、6万坪にも及ぶ比叡山大霊園である。比叡山では横川《よかわ》地区で1972（昭和47）年、日本生命が創業80周年の記念事業として慰霊宝塔を立てているが、大霊園が整備されてからは一気に企業墓の造立が始まった。

大霊園が完成した翌1978（昭和53）年、地元の滋賀銀行が「物故者慰霊塔」を建立。

企業名	建立年	名称	所在地
【高野山】			
北尾新聞舗	1927年	物故店員之墓	奥之院
松下電器産業	1937年	物故者墓	奥之院
丸善石油	1941年	関係物故者供養塔	奥之院
大阪瓦斯	1950年・1953年	供養塔・縁故者供養塔	奥之院
富士車両	1952年	供養塔	奥之院
南海電気鉄道	1953年	供養塔	奥之院
日産自動車	1957年	物故従業員慰霊碑	奥之院
江崎グリコ	1958年	従業員物故者墓	奥之院
シャープ	1962年	供養廟	奥之院
栗本鉄工所	1964年	物故者各霊菩提	奥之院
ヤクルト	1964年	物故者慰霊塔	奥之院
千代田生命	1964年	先人之碑	奥之院
仁丹	1969年	供養廟	奥之院
南海汽船	1969年	供養塔	奥之院
新明和工業	1969年	慰霊碑	奥之院
しろあり対策協会	1971年	供養塔	奥之院
東洋ゴム工業	1973年	供養塔	奥之院
コクヨ	1974年	物故者慰霊塔	大霊園
大和ハウス工業	1975年	慰霊塔	大霊園
紀陽銀行	1975年	物故者供養塔	奥之院
小松製作所	1976年	慰霊碑	奥之院
読売新聞販売人	1977年	慰霊塔	大霊園
キヤノン	1977年	先人の碑	大霊園
ミノルタカメラ	1978年	物故者慰霊塔	大霊園
そごう	1980年	慰霊塔	大霊園
麒麟麦酒	1980年	供養塔	奥之院
小林製薬	1985年	有縁物故者供養廟	奥之院
スバル興業	1987年	供養塔	奥之院
UCC上島珈琲	1994年	物故者供養塔	奥之院
凸版印刷	2011年	先人之碑	大霊園
アデランス	2018年	無記	奥之院
【比叡山】			
日本生命	1972年	慰霊宝塔	横川地区
滋賀銀行	1978年	物故者慰霊塔	大霊園
佐川急便グループ	1979年	供養塔	大霊園
大阪銀行（当時）	1980年	慰霊塔	大霊園
丸大食品	1983年	供養塔	大霊園
積水化学工業	1990年	先人の碑	大霊園
フジテック	1998年	先人追悼之碑	大霊園

※表は山田直樹『ルポ企業墓　高度経済成長の「戦死者」たち』（イースト・プレス）、中牧弘允『高野山と比叡山の会社墓』を参考にした

次いで佐川急便グループ、大阪銀行（当時）、丸大食品などが続く。比叡山に企業墓をもつ企業はいずれも、関西の会社なのが特徴だ。

大霊園で最古参、1978（昭和53）年建立の滋賀銀行や、1983（昭和58）年に完成の丸大食品の企業墓は、どっしりとした五輪塔で風格がある。佐川急便グループの企業墓はお屋敷のように土塀をめぐらせてあり、実に豪壮な雰囲気だ。

高野山と比叡山に企業墓を設けている企業は、前ページの表のとおりである。比較的知名度が高いと思われる大企業を筆者の価値観で選んであるが、お許しいただきたい。建立の古い年順に並べている。

篤志家を合祀する――献体墓

企業墓のように公共性を帯びた合祀墓の他の例としては、献体墓がある。

献体とは、主に大学の医・歯学部が医学生の教育、訓練を目的として、一般の人から死後、遺体の提供を受ける制度のことである。日本における献体は、献体希望者の遺志によって、無条件・無報酬で行われる。献体は手術の技術向上や医学の発展において欠かせない制度だ。医学生の場合、2人に1体、歯学生は4人に1体の遺体が必要だという。

解剖実習を終えた後は、大学が手厚く弔ってくれる。献体として提供した篤志家の合祀墓（供養塔）が、大学の敷地や寺院などに存在する。

たとえば、京都大学医学部には大学キャンパス内の供養塔の他に、大学近くの専用の敷地に巨大な供養塔を立てている。そこは閑静な住宅地の中にある、特別な聖域になっている。普段は鉄格子が閉まっており敷地内には入れないが、門柱に「京都帝國大學醫學部納骨墓地」とある。建立は終戦間際の１９４４（昭和19）年のことだ。

京都大学医学部によって建立された供養塔

　広い芝生の広場の奥に高さ３メートルほどの宝塔が立っている。宝塔には「安魂」と刻まれ、卒塔婆が立てられている。卒塔婆には、南無阿弥陀仏の名号が書かれている。
　慰霊塔の南東には、浄土宗大本山の金戒光明寺《こんかいこうみょうじ》（通称・黒谷《くろだに》）がある。京都大学の場合、この金戒光明寺にて慰霊祭（京都大学医学部解剖体祭）を毎年秋に実施し、慰霊塔での法要も実施している。法要には篤志家の遺族や大学関係者、学生らが参加。1年間に解剖された200体前後の篤志家の遺体の他、病理解剖、法医解剖された人々の弔いを実施している。法要に先立ち、9月には遺骨の返還式が執り行われる。

大阪にある複数の大学医学部の献体墓があるのが四天王寺だ。大阪市立大学、大阪歯科大学、近畿大学が1970年代に続々と献体墓を立てた。

「医学の研究・教育に尊き遺体を捧げられたるみたま、ここにねむる」（大阪市立大学医学部）

「歯学の教育研究に遺体を捧げられた崇高な御霊ここにねむる」（大阪歯科大学）

近畿大学は1976（昭和51）年4月、献体墓（供養塔）の開眼式を実施。この年の秋には教職員の物故者法要と兼ねて合同慰霊祭が実施された。1979（昭和54）年には解剖体委員会が設置されて、解剖体慰霊祭の立案がなされた。そして、献体者の遺骨をここに納骨。以来、毎年11月初旬に四天王寺で法要が実施されている。現在は献体者本人や遺族の希望によって、四天王寺の地下納骨堂に納められ、永代供養がなされている。

これらの大学が四天王寺に献体墓を建立する理由は、四天王寺が特定の宗派に属することのない超宗派の寺院だからだ。四天王寺は、蘇我氏と物部《もののべ》氏が仏教の受容をめぐって争い、聖徳太子率いる蘇我氏側が勝利した際に開かれた日本最初の官寺である。いわば日本仏教が分派する前の、起源といえる存在だ。四天王寺は特定の宗派に依らないので、献体墓を設けるのに適している。

同じ大阪府にある大阪大学医・歯学部の献体墓は吹田《すいた》キャンパスにある。医学部棟の西北に位置する。建立は1994(平成6)年と比較的新しい。デザインは斬新かつモダンで、直径2メートル、重さ13トンの完全な球型をしている。この献体墓は「生命の球」と名付けられている。

なぜ球体なのか。同大学は、「学問の真理を表し、表面に刻まれた下部の本磨きの光沢から上部の叩き仕上げによる変化のありさまに、その誕生から次第に成長していく生命の尊さ、喜びや、悲しみ、決意などの人間讃歌を通じて、献体者の尊さ、意思を讃える表現としました」としている。

「生命の球」の背後には、透明ガラスでできた銘板棚が設置されている。エッチングの手法によって献体者の氏名が刻まれ、永久に祀られる。およそ7000万円の工費の一部には、医学部・歯学部の教官や同窓会らの寄付が使われたという。

ちなみに大阪大学の慰霊祭(追悼法会)は、毎年11月に四天王寺にて実施されている。

ここで、全国の医学部をもつ大学が建立した献体墓の例をいくつか挙げてみよう。

●**慶應義塾大学**――多磨霊園に慶應義塾大学医学部納骨堂がある。例年9月、東京・芝の増上寺において献体および病理解剖、法医解剖への提供者の「解剖諸霊供養法会」が開かれる。また多磨霊園でも墓前祭を実施している。

●**日本大学**――都立八柱霊園（千葉県松戸市）に大型の納骨堂がある。本人および遺族の希望によって、ここに納骨することができる。1961（昭和36）年に建立。追悼法要は築地本願寺にて、毎年秋に行われる。

●**東京医科歯科大学**――かつて、同大学の納骨堂は教養学部近くの千葉県市川市の曹洞宗総寧寺《そうねいじ》にあったが、手狭になったことなどから2017（平成29）年に埼玉県の武蔵野霊園に移転した。追悼式は築地本願寺にて実施している。

●**獨協医科大学**――キャンパス内に霊苑があり、大きな自然石の供養塔と観音菩薩立像が立っている。春秋の彼岸には、僧侶を招いて回向《えこう》をしている。また毎年10月には無宗教式での慰霊祭を執り行っている。遺骨の引き取りができないケースや、大学で遺骨を預けることを希望する場合はキャンパス内の納骨堂にて安置。5年が経過すると霊苑内の墓地に合祀される。

●**信州大学**――1969(昭和44)年に長野県松本市営蟻《あり》ケ崎《ざき》霊園に、自然石でできた供養塔を建立した。合同慰霊祭は毎年秋にキッセイ文化ホール(長野県松本文化会館)で執り行われる。

●**広島大学**――霞《かすみ》キャンパスにピラミッド型の慰霊碑がある。碑の正面には「医の礎にと献体された方々のために」と刻まれている。1982(昭和57)年、建立。毎年10月に実施している慰霊祭の祭壇にも、慰霊碑と同じデザインのモニュメントが使われている。

●**九州大学**――九州大学病院正門を入ってすぐの場所に、金属製のモニュメント「崇高な精神」を設置している。2008(平成20)年、同大学の100回目の慰霊祭を記念して石川幸二(同大学芸術工学研究院名誉教授)によるデザインの碑が建てられた。

●**琉球大学**――琉球大学医学部の敷地内に慰霊碑と献体者の納骨堂を、2006(平成18)年に建立している。献体者の名前を石板に刻み、恒久的に供養する。さらに、医学部の実習で犠牲になった実験動物の慰霊碑「獣魂碑」もある。

増える献体と知られざる課題

さて近年、大学医学部への献体を申し出るケースが飛躍的に増えている。わが国には献体篤志家団体が62団体ある。献体登録数は１９９０（平成２）年でおよそ10万人だったのが、２０００（平成12）年には約20万人、２０２２（令和４）年３月現在では31万人以上に上っている。うち、すでに献体をした人は約15万体。こうして見ても、30年前に比べて献体数が右肩上がりに増加しており、現在ではほぼ篤志家による献体で賄えている。基礎医学を支える献体の世界に何が起きているというのか。

解剖学の歴史を少し辿ってみたい。日本における医学目的の解剖は１７５４（宝暦４）年、京都の医学者・山脇東洋《やまわきとうよう》が実施した「腑分《ふわ》け」（幕府の許可を得て刑死体を解剖すること）が最初といわれる。その後、江戸の医師であった杉田玄白や前野良沢らも腑分けに立ち会い、西洋医学の翻訳書『解体新書』を著した。

篤志による献体は、明治期になってから。梅毒にかかった遊女・井上美幾《みき》が医師の求めに応じて死後、身体を提供したのが始まりといわれている。

戦後、篤志家団体（白菊会）が成立するが、昭和50年代までは献体数が絶対的に不足していた。昭和の時代には、解剖実習は身元不明遺体で行われるケースも多かった。

その後、1983（昭和58）年に献体法が施行。文化人らが献体するケースや献体を題材にした小説も生まれ、広く世間に周知されるようになった。献体が社会貢献の1つのあり方として位置づけられていったのである。こうした意識の変化が、献体数がじわじわと伸びている理由の1つに挙げられる。

一方で、社会構造の変化が増加要因になっている面もある。つまり、核家族化によって独居老人が増え、孤独感、死後の不安感ゆえに献体を申し出るケースである。また、いわゆる「おひとりさま」の増加も、献体数の伸びに影響を与えていると考えられる。

献体すれば、死後、防腐処理が施されたうえで大学で一定期間保管され、解剖実習後は遺骨となって遺族の元に還される。引き受ける遺族がいなければ遺骨は大学内の供養塔などに収められる。大学では、定期的に慰霊祭を実施している。つまり献体することによって、「死後が見える安心感」が得られるのだろう。

また東日本大震災以降、「自分の死に関心を抱くようになった」という人が増え、献体を選択する人も一部で現れ始めた。こうした人々の多くは、「人はいつ何時、死ぬかわからない存在。葬送を自分で決められる献体を選ぶことで、前向きに生きられる」との理由を挙げる。「伴侶が献体を希望しているので自分も」というケースも多いという。

様々な背景によって献体数が増えているが、献体の増加は若き医師に対する教育が充実し、結果的に医療の向上に寄与することを意味する。

だが、課題はある。地方の新設医科大学や歯科大学ではまだ献体が集まりにくいということだ。献体を希望する人は知名度の高い都市部の大学や、自身が通院していた付属病院の大学を指名する傾向があるという。遺体の運搬の制限もあり、献体する場合は、自宅から近い場所の大学に限られる。献体の世界にも、都市と地方の格差が影を落としているのだ。

また、献体登録者が死亡してから、実際の解剖実習が行われるまでには2年ほどかかる。結果的に遺族の元に遺骨が返される時期が延び、「(配偶者の遺骨が戻るよりも)自分のほうが先に逝ってしまうので、早く解剖してほしい」という希望も相次いでいる。献体希望者が増えているのに、運用面とかみ合っていない。

さらに最近は、献体の理念や制度をないがしろにするような問い合わせが出てきている。

「献体をすれば、大学側が葬儀や埋葬をやってくれるでしょ。葬儀代を浮かせられるので献体したい」

身寄りのない人の場合、遺骨は大学に納められ、慰霊祭を実施してくれる。しかし、大学側は憤《いきどお》る。

「本末転倒な考え方で、そういう申し出は基本的にはお断りしている。純粋に医学への貢献を思って献体に登録されている方に不愉快な思いをさせることにもなりかねない。そもそも献体は無条件、無報酬の考え方に基づいており、葬儀代の節約のための献体となってしまうと、制度そのものが崩壊してしまう」（都内の大学）

献体は「医療への貢献」という、極めて純粋な動機によって成立するものだ。そもそも、独居老人問題や高齢者の経済的な問題は、国や自治体が取り組まねばならぬ問題だろう。数を集めればよいという問題でもない。数を求めれば金銭が絡み、ブローカーの介入にもつながる。海外では献体の世界にエージェント（代理人）が入り、自動車の衝突実験や臓器売買などに転用されるケースも出ている。

献体は、社会の実情を映す鏡なのかもしれない。日本人は死者を敬う美意識をもっているだけに、志《こころざし》を大切にした献体制度であってほしいと願う。

戦後の供養のかたち「納骨堂」

第1章で述べたように、わが国では江戸時代の寺請制度をきっかけにして、「イエ」の弔いが続けられてきた。つまり、明治以降はイエの中で年長の男子が家長（戸長）となり、イエを継承（家督相続）してきたのである。旧民法のもとでの家督相続は、家長がすべて受け継ぐというものであった。

祭祀継承に関しても「系譜、祭具及ヒ墳墓ノ所有権ハ家督相続ノ特権ニ属ス」（旧民法987条）と規定されていた。つまり、仏壇や菩提寺の一族墓は、原則、長男が相続したのである。だが、敗戦を機に旧民法は1947（昭和22）年に廃止。新たに戦後民法が成立し、イエ制度は解体。たとえば遺産相続でいえば、現在親の財産は長男以外や女性のきょうだいにも均等に分けられている。

では、旧民法が定めていた家長による祭祀継承権は戦後、どうなったか。なぜか今でも菩提寺の檀家を継いだり、墓や仏壇を守り、葬式の時に喪主を務めたりするのは、多くが長男だ。イエ制度は戦後、法的には効力を失ったものの、慣習としてはずっと続いているのである。

だが、そのイエのカタチが、いよいよ崩れてきている。それはイエの象徴である墓の変化に見ることができる。

地方都市における「墓じまい」と、都会で続々出現してきている「永代供養」である。

江戸時代から続いてきた故郷の菩提寺との寺檀関係を、解消する動きが出てきているのだ。先祖代々の墓は菩提寺の合祀墓に改葬し、親の骨は都会の自分たちの生活圏に移す動きである。その結果、故郷を離れた遺骨の受け入れ先として、近年、都会で巨大な納骨施設が続々と出現してきている。

これらを牽引している世代が、地方の農村から集団就職で出てきた団塊世代だ。彼らは両親がともに亡くなる時期を迎え、墓や仏壇の相続、葬式の喪主の役割など、いわゆる祭祀継承のお鉢が回ってきた。そこで、親と、いずれ自分の埋まる場所も含めて、都会での「墓支度」を開始しているのだ。

ここで、団塊世代をコアにした多死社会に関するデータを紹介したい。内閣府の高齢者白書によると、団塊世代が75歳を超える2025年には高齢者人口は3657万人に達する。同時に、現在よりももっと長寿化が進む2040年代には男性の平均寿命が83歳、女性は90歳の水準まで上昇することが見込まれる。高齢者人口は2042年まで増え続けるとの予測もある。

こうした超々高齢化社会の構造は、例えるならば、上流から流れてきた川の水が、ダムによって堰《せ》き止められている状態に似ている。ダムの水かさが増せば増すほど、放水（死者）の量も増えていく。今後25～30年にわたって、「多死社会」と呼ばれる時代がやってくるのだ。

すでに多死社会の幕は開いている。死を受け止める場所、つまり都会における「墓場の肥大化」である。

遺骨の埋まる場所と言えば、菩提寺の一族の墓に入るか、新たに公共霊園などに墓地と墓石を求めてそこに埋葬されるか。それくらいの選択肢しかなかった。繰り返しになるが、菩提寺の一族墓を継承するのは長男で、次男以降は新たにどこかの霊園に自分たちの墓を求めた。

ところが都会に出てきた団塊世代は、長男、次男を問わず「高額な土地付きの墓はいらない」「死後世界に興味はない。遺骨は海や山野に撒いてほしい」などと考えだしている。

そうしたニーズに応えるべく、急増してきているのが「永代供養」である。永代供養の仕組みは墓地管理者によって異なるが、共通の特徴として、①宗教・宗派を問わない、②檀家になる必要がない、③料金を明示している、ことなどが挙げられる。

これを住まいで例えれば、賃貸の戸建てが旧来の「家墓《いえばか》」（永代供養の出現により、学術的には従来の墓のことを家墓と定義するようになった）。賃貸マンションが「永代供養墓」と言い換えられるかもしれない。

この永代供養の最大の特徴は「墓をもつことのハードルの低さ」である。都会に住む人が初めて墓を求める場合、檀家制度を前提にした墓選びは敷居が高い。その点、無宗教式の永代供養は門戸が開かれている。

そもそも寺院で初めて永代供養を謳《うた》ったのは、企業墓の章で紹介をした比叡山大霊園だといわれる。1985(昭和60)年に募集が始まった。同霊園では子どものいない夫婦や独身者、墓地の継承者がいない人の増加を背景に、「あなた自身に代わって、永代にわたって比叡山延暦寺が供養する」という趣旨のもと、「久遠《くおん》墓地」という名前で造成した。比叡山延暦寺は天台宗だが、この久遠墓地に限り、宗教宗派を問わないのが特徴だ。

だがこの時点では、久遠墓地のような永代供養は広がりを見せなかった。1990年代に入って、別の永代供養のタイプが全国の各寺院で流行りだす。合祀型の永代供養墓だ。これは寺院敷地内に観音像や仏塔を建てて、その地下に不特定多数の遺骨を納めるタイプのもの。だが、これはあくまでも、もともとの檀家(先祖代々そのお寺に墓をもっている家)を対象にした永代供養墓であった。

利用目的は一族の墓を整理するため。一族墓の場合、長年の間には収蔵される遺骨が増えてしまう。また、親族も一緒に祀りたい場合、墓を増設することがよくある。田舎の寺では先祖代々の墓がずらりと並べられている風景を、よく目にする。すると増設した分は、墓地管理料が追加されていくことがある。

その一族に金銭的余裕がない場合や、三十三回忌や五十回忌などの「弔い上げ」の際に先祖の墓をまとめてしまおうと考える現代人は多い。合祀型の永代供養墓は、こうした古い一族の遺骨をまとめて祀る目的が主であった。

しかし、2000年代後半からは、いよいよ比叡山延暦寺の久遠墓地のような、個人で入るタイプの永代供養墓が本格的に拡大していく。都会に出てきた団塊世代が本気になって「墓支度」を始めたのだ。

この個人で入る永代供養墓には様々なタイプがある。大きく分けて「屋内型」と「屋外型」だ。屋内型は、ビルの中に造られる「納骨堂」形式のもの。納骨堂文化は特に北海道と福岡県で花開いた。北海道は冬季、積雪と寒冷によって野外での墓参りが厳しくなる。そこで、自然環境に左右されない納骨堂が戦後増えていった。一方の福岡県は仏壇製作の本場であり、そのノウハウを活かして仏壇業者が納骨堂の販売に注力していった結果、納骨堂大国になった。

納骨堂で最も普及しているのが、見た目がコインロッカーそっくりのものだ。扉の付いたロッカーの中に、骨壺を収納するという簡素なものが多い。ビルの中は防火上の理由のため、蠟燭や線香は使えない。また、生花や生ものを供えることを禁止している納骨堂も多い。ロッカー式納骨堂はその替わり、空間やロッカー表面のデザインに趣向を凝らしたものが増えている。個々が漆塗り風の厨子のようになっている荘厳なタイプや、金箔仕様の豪華なものまで様々である。

興味深いのは、地域によって趣向が異なる点である。東京はどちらかと言えば、シンプルで実用的なスタイルのものが多い。福岡のロッカー式納骨堂は、仏像や位牌、仏具などを組み込んだ仏壇型と呼ばれるものがほとんどだ。

だが、ロッカー式納骨堂は早くも旧式の部類に入っている。最新式は自動搬送式納骨堂と呼ばれるタイプのものだ。自動搬送式納骨堂はビル5〜7階建ての規模である。数千〜1万基以上が納骨でき、コンピューター制御で遺骨が自動的に参拝ブースに運ばれてくる仕組みだ。エントランスは高級マンションのように瀟洒《しょうしゃ》で、コンシェルジュが常駐している。

ビル内には複数の参拝ブースがあり、ICカードをかざせば納骨箱が運ばれてくる。

ブースには液晶モニターがついていて、故人の遺影や戒名が映し出される。常に花も用意されている。参拝者は手ぶらで参拝できるというわけだ。

事業者は「買い物ついでや仕事帰りに、お墓参りできる」と謳っている。この自動搬送式納骨堂は2016年では10棟だったのが、2022年には30棟まで急増している。

新宿区の寺院が運営する自動搬送式納骨堂の参拝ブース

多死社会や改葬ブームを背景にして、2013年ごろから葬儀会社や仏具、石材販売会社が寺院から宗教法人の名義を借りる形でこの自動搬送式納骨堂事業に乗り出してきた。近年では、外資系金融会社も納骨堂事業に参入した。

最初はよかった。だが、数年も経つと納骨堂の供給過多になり、需要が追いつかなくなってきて、民間企業の経営を圧迫してきているのが実情だ。地方都市のロッカー式納骨堂や自動搬送式納骨堂では破綻事例も出てきている。納骨堂が持続可能な「墓」といえるかどうかは、微妙なところである。

樹木葬、海洋散骨、手元供養

「自然に還る」イメージで人気を集めている樹木葬も「葬」という名称がついているが、永代供養の一種と考えてよい。

樹木葬は1999(平成11)年、臨済宗の知勝院《ちしょういん》が、岩手県一関《いちのせき》市に荒廃した里山を買い取って始めたのが最初といわれる。霊園の面積は約2万7000平方メートルと広大で、「花に生まれ変わる仏たち」がコンセプトになっている。

ここでは墓石やカロート(納骨するスペース)などの人工物を一切使用しないのが特徴だ。遺骨は山肌に穴を掘って埋め、その上に墓石の替わりとなるヤマツツジやエゾアジサイなどの低木を植樹する。遺骨はいずれ自然と同化していく仕組みだ。

だが、このような「自然に還る」タイプの樹木葬を運営しているところは、むしろ少数である。基本的には樹木葬エリアは、霊園墓地の片隅に造られることが多い。合祀型樹木葬の場合、幹の下部に大きなカロートが埋設される。そこに、不特定多数の遺骨がどんどん収蔵されていく。つまり、永代供養の墓標が石か植物かの違いだけというわけだ。

そもそも、なぜ山野には好き勝手に遺骨を撒けないのか。
日本の墓地埋葬法では、遺骨を埋めることのできる場所は墓地（霊園）だけと規定されている。そして現在、遺骨を埋葬できる者（墓地を造成・運営できる者）は、旧厚生省の通達によって宗教法人か地方公共団体だけと定められている。個人が勝手に遺骨を埋めると死体遺棄罪（3年以下の懲役）に問われることがある。自宅の庭や山林に埋めたら違法になるのだ。
実は散骨は、墓地埋葬法上はグレーゾーンといわれている。法律上、散骨の規定はないが、1991（平成3）年に国は散骨に関し、次のような見解を出している。
「散骨は葬送のための祭祀のひとつとして節度をもって行われる限り、刑法190条の死体遺棄罪にはあたらない」（法務省）
「墓地埋葬法は、もともと土葬を対象としていて、散骨のような葬法は想定しておらず法律の対象外」（厚生労働省）
あくまでも、現行法に散骨が対応しておらず、「節度をもって実施する分には目をつぶる」としているのだ。
ここで言う「節度」とは、①決められた霊園の樹木葬区域に、霊園規約に則って埋葬すること、②自然に還るタイプの散骨の場合は、遺骨をパウダー状に粉骨すること、③副葬品を一緒に埋葬しないこと、④近隣住民の心情に配慮すること——などだ。

需要を伸ばす海洋散骨

樹木葬同様に、海洋散骨も近年人気を集める葬送である。海洋散骨とは船をチャーターして近海に遺骨を撒くサービスのことだ。散骨場所は東京湾内をはじめディズニーランド沖、相模湾、大阪湾、伊勢湾、瀬戸内海などニーズに合わせて様々ある。現在、被葬者全体の1パーセントほどが海洋散骨を選んでおり、将来的には2パーセントほどまで伸びるとの予測もある。

だが海洋散骨も、まったく問題がないとはいえない。近海で散骨すると、地元漁業関係者からの反発を受ける可能性がある。撒く方は、「大自然に溶け込む」ような壮大なロマンを抱いているかもしれないが、漁師にしてみれば、風評被害が生まれる可能性を警戒しているのだ。

静岡県伊東市では2016(平成28)年2月、「海洋散骨に係る指針」を発表した。県内では熱海市に続く2例目の指針になる。指針では、

海洋散骨のため小分けにされた遺骨

①伊東市内の陸地から6海里（約11・11キロメートル）以内の海域で散骨しないこと
②環境保全のため自然に還らないもの（金属、ビニール、プラスチック、ガラスその他の人工物）を撒かないこと
③宣伝・広報に関し、「伊東沖」、「伊東市の地名」など、「伊東」を連想する文言を使用しないこと

などが明記されている。

散骨そのものを禁止する自治体もある。埼玉県秩父市ではＮＰＯ団体が、霊園として許可を得ていない山野で散骨を実施しようとしたことに端を発し、墓地以外での散骨を禁止する条例を整備した。その他、北海道岩見沢市、静岡県御殿場《ごてんば》市などでも散骨を規制する条例が成立している。いずれも、業者や遺族の「節度のない散骨」が発端になっている。

個人単位、無宗教の永代供養納骨堂やサイズの小さい個人墓、散骨……。こうして見れば、かつて民俗学者の柳田國男が述べた「先祖になることへの固執」は、現代社会ではすっかり消え失せてしまっているかのようだ。

ところが、一方で遺骨に執着する動きも見られる。手元供養と呼ばれるサービスが最近、登場しているのだ。

手元供養とは、遺骨をミニサイズの洒落た骨壺に入れて保存できるようにしたり、遺骨を人工ダイヤモンドのアクセサリーとして加工してくれたりするもの。実は墓地埋葬法では、自宅に遺骨を置いておくことを禁じてはいない。特に古い仏壇では、水子の遺骨を小さな壺に入れて仏壇に置いたままになっているケースがよくある。

遺骨アクセサリーには主に2種類ある。遺骨や遺灰、遺髪から抽出した炭素を、高熱高圧をかけて人工ダイヤモンドにし、それをネックレスや指輪にするタイプ。もう1つは遺骨の一部をペンダント内部に納めるタイプ。いずれも数万円から、高いものになると数十万円の費用がかかる。最近ではインターネットからの申し込みもできる。

こうした少量の骨を手元で供養する背景の1つには、散骨の流行がある。海にすべてを撒いてしまっては、供養する場がなくなってしまう。また、散骨に反対する親族もいる。

ある意味、現代風の分骨といえるのが、この手元供養だ。「墓」が、自宅の中に移動し始めているのだ。

だが、遺骨への執着はあまり推奨できるものではない。故人と近しい関係の人は、遺骨を肌身離さずずっともっていたいと思うかもしれないが、関係性が遠くなればなるほど、「手元の遺骨」は面倒な存在になるからだ。結果的に、アクセサリーの持ち主が亡くなると、その遺骨は供養されなくなってしまう。

墓じまいの時代

これまで、時代を追って、墓や葬送の流れを解説してきた。近年、墓や遺骨そのものを不要とする動きが出現してきている。「墓じまい」である。

厚生労働省「衛生行政報告例」によると、新型コロナ感染症流行前の調査である2019（令和元）年度の改葬（事実上の墓じまい）の数は全国で12万4346件。5年ごとに遡って改葬数の変化を見てみると、2014（平成26）年度では8万3574件。2009（平成21）年度では7万2050件、2004（平成16）年度では6万8421件だった。15年前の水準の倍近くになっている。

墓じまいとは、かつては絶家に伴う「無縁化」のことを指した。だが、墓地継承者（縁者）が存在するのに墓じまいする動きが近年目立っている。

墓じまいの作業風景

墓じまいを希望する人の共通項としておおむね、以下の5つが挙げられる。

①墓を承継する子や孫がいない
②お墓の維持にはコストがかかるうえ、管理が大変。子や孫に迷惑をかけたくない
③都会に移り住んでいるため、故郷の墓の管理ができない
⑤そもそも墓は不要。散骨でいい
⑥菩提寺の住職が気に入らない

それぞれがもっともな理由のようにも思える。

しかし、これまで墓の歴史を俯瞰してきた立場として思うのは、縁者がいるのに墓じまいする行為は

「墓暴き」に近いものだ。薄葬時代も、墓を簡素にはしてきたが、わざわざ既存の墓を撤去するようなことはなかった。日本人の弔いの心は、失われつつあるのだろうか。

遺体を堆肥にするコンポスト葬

ここまで「自然葬」なるカテゴリーの葬送を紹介してきた。つまり、「自然に還る」イメージのある「海洋散骨」や「樹木葬」の類である。だが、米国ではさらに先をいく究極の自然葬「コンポスト葬（堆肥葬）」のサービスが始まり、話題を呼んでいる。

コンポスト葬を開発したのは、米国ワシントン州シアトルのベンチャー企業、RECOMPOSE（リコンポーズ）社だ。コンポスト葬とは、遺体を堆肥に換える葬送のこと。いや、葬送ともいえない代物だろう。全世界的に、人間社会が醸成してきた葬送文化に一石を投じる「新しい死後のあり方」といえるものになるかもしれない。

同社の公式サイトによれば、創業者はカトリーナ・スペードという女性。建築を学んでいた大学院時代に、死後のあり方について強く関心を寄せるようになったという。そして、従来の環境負荷の大きい埋葬（土葬や火葬など）に疑問を抱き、2017（平成29）年にリコンポーズ社を設立した。2020（令和2）年11月から、コンポスト葬のサービスを本格的に開始している。

米国では1年間でおよそ2700万人が死亡し、そのほとんどが火葬されたり、直接土葬されたりしている。火葬は二酸化炭素を大量に排出して、地球温暖化を加速させる元凶となる。キリスト教式の土葬も、棺や副葬品などは完全に土に還らないので「エコな埋葬」とはいえない。米国における火葬率はおよそ56パーセント。20年後には78パーセントになると試算されている。世界の人口は現在78億人。将来的には100億人以上になるともいわれており、火葬の増加、墓地不足など、死後処理をめぐって様々な問題が浮上してくることは間違いない。

コンポスト葬

こうした、地球環境には決して優しくない埋葬の現状をスペード氏は憂いた。上院議員に働きかけ、2019(令和元)年、ワシントン州議会において人間の堆肥化を可能にする法案可決に導く。2023

（令和5）年3月までにコロラド州、カリフォルニア州、バーモント州、オレゴン州、ニューヨーク州の6州が合法化に至り、さらにマサチューセッツ州など複数の州が合法化に向けての審議を継続中だ。リコンポーズ社の積極的なロビー活動によって、米国では遺体の堆肥化の法整備が急速に進んでいる。

コンポスト葬の具体的な仕組みはこうだ。

葬儀を終えた遺体は、マメ科植物でできたオーガニック・ウッドチップが敷き詰められた容器に入れられる。さらに堆肥化を促進させるために、二酸化炭素や窒素、酸素、水分などを制御できるカプセルの中に入れられ、そこでまず、バクテリアなどの微生物を増殖させて腐らせる。

遺体は、およそ30日をかけて分子レベルで分解され、土へと還っていく。遺体がカプセルに入って、土が完成するまでには約8〜12週間かかる。骨は完全には土にはならない。しかし、堆肥化する過程でカプセルを回転させるなどして通気をよくし、微生物を活発化させ、骨の分解を可能にすることで、減量した骨はミネラルたっぷりの土壌を生成する要素となり、植物の生育に寄与するという。

インプラントや心臓ペースメーカーなどの人工物はスタッフによって取り除かれ、金属の詰め物などはリサイクルされる。人体に残っている抗生物質、化学療法で使用した医薬物質などは、微生物によって安全なレベルまで分解されるそうだ。がん治療などで放射線シード移植を受けた患者の場合は、堆肥化する前に臓器を取り除いておく。

また、病原菌が心配要素ではあるが、堆肥化のプロセスでは55度を超える熱が発生し、時間をかけて分解するため、多くの病原菌は死滅し、感染の心配はないと同社は説明する。エボラ出血熱やクロイツフェルト・ヤコブ病、結核など深刻な感染症の病原菌の残留や増殖も問題ないという。

リコンポーズ社のシアトルの施設には、50基以上のカプセルが用意されている。そのエリアはグリーンハウスと呼ばれ、臭気を防ぐための高性能な空気清浄機などが備わっているという。

最終的には、遺体1体あたり85リットルほどの土壌ができる。この栄養豊富な土壌は、遺族に渡される。バラ園などの園芸用堆肥に使われたり、自庭に撒いたりできる。また、土の返還を望まない遺族が希望すれば、ベルズマウンテン保護林に撒かれて森林のための肥料になり、新たな命を育む源泉に生まれ変わることができる。

同社は火葬や土葬と比較して、コンポスト葬を選択した場合は1トン以上の二酸化炭素を節約できると試算している。

気になる価格だが、同社のコンポスト葬は5500ドル（約60万円）。米国では、一般的には火葬費用が6万円程度、葬儀から遺体安置施設の利用料、納棺料、墓地代などを含めるとトータルで死後の費用は平均550万円ほどかかる。その点、コンポスト葬では火葬費や墓地、墓石代などが不要で、割安感はありそうだ。

サービス開始からわずか3ヶ月後の2021年2月には、世界各国からの予約が550人に達したという。今後はさらに増えていきそうである。なぜなら、欧米では徹底したエコロジストが一定数いるとみられるからだ。近年のSDGs（持続可能な開発目標）の広がりなどによって、葬送のあり方を再考する議論が深まりつつあった。

そこへ、新型コロナウイルスの爆発的蔓延が追い討ちをかけた。現在、米国での死者の合計はおよそ61万人。遺体安置施設はあふれかえり、葬儀や埋葬もままならない状況が続いた。通常の弔いができなくなる中で、哲学的に死をとらえる人が増えた。その中で、「死後の自然回帰」を強く支持する人が現れてきているのだろう。

では、日本でコンポスト葬が流行る可能性はあるのだろうか。私は時期尚早ではあるものの、仮に法整備が整えば、将来的にコンポスト葬が入ってくる余地はあると考える。

まず、法律の問題である。今のところ、コンポスト葬は日本では非合法に当たりそうだ。先述のように個人が勝手に山野などに遺体（遺骨、堆肥化した遺体を含む）を撒けば、刑法190条で定めている死体遺棄罪（3年以下の懲役）に抵触する。

散骨は日本各地で実施されているが、「樹木葬」「自然葬」などの名称で呼ばれる地上型の散骨の場合、都道府県知事の許認可を得た霊園内に造られた特定の場所でのみ、散骨が許されている。

たとえば富士山麓などの風光明媚な土壌に眠りたい、自宅の庭に埋まりたい、あるいは田畑の肥料になりたい、と願っても実現することはできない。

コンポスト葬は土葬に近い。しかし、前章で述べたように土葬への忌避意識は、日本人はとても強い。日本では火葬率が99・9パーセントと世界一の水準にあり、相対的に土葬へのタブー意識が強まってきているのだ。コンポスト葬は、土葬に近い〝生々しい〟葬送なのがネックだといえる。

国民の宗教感情の問題もある。海洋散骨が人気といっても、まだまだ多くの日本人は遺骨や墓を大事にし、一周忌、三回忌といった追善法要を実施しているのが実情だ。

また、世間体もある。特にイエやムラ意識が強い地方在住の場合、コンポスト葬を選択した時の地域社会の目はかなり厳しそうである。

だが、葬送儀礼が縮小傾向にあるのは紛れもない事実である。日本でも樹木葬や海洋散骨を選択する人々が増えてきている実情を踏まえれば、コンポスト葬受け入れの「素地」は、着々と進んでいるようにも思える。

2020（令和2）年より始まった新型コロナウイルスによる「死」への意識の高まりが、こうした葬送の多様化の後押しをしているとみられ、今後日本の葬送のあり方にも影響を与えそうである。

結びに代えて

日本の仏教は時に「葬式仏教」と揶揄される。その葬式すら近年は簡素化傾向にあり、弔いのかたちが岐路に差し掛かっている。将来的に墓を維持できないとして、「墓じまい」を選択する人も増えてきた。墓の継承を、コストや管理面だけで捉えれば、確かにそれは「負の遺産」になるかもしれない。

だが、もっと広い視野でとらえる必要もあるのではないだろうか。全国の寺に残る過去帳や墓には、大事なメッセージが隠されている。

世界は2020（令和2）年から、新型コロナ感染症のパンデミックに襲われた。本書の結びにあたって、日本の墓に刻まれた「伝染病の記録」について紹介したい。墓は仏事で使うことだけではなく、社会のために活かせる「公共財」になりえることを知ってほしい。

一心寺スペイン風邪慰霊碑（大阪市天王寺区）

第6章で紹介した大阪市天王寺区にある一心寺。骨仏の取材時、私は境内で別の興味深いものを発見した。「大正八九年流行感冒病死者群霊」と刻まれた慰霊碑である。これは墓地の入り口にあり、ひと際大きな奥津城だったので目に留まったのだ。

一心寺の慰霊碑は、1918（大正7）～1920（大正9）年に日本で大流行した「スペイン風邪」における犠牲者を弔うためのものだ。施主は大阪市内で薬問屋を営んでいた薬剤師・小西久兵衛となっている。医療従事者のひとりとして、人々の病状回復を願って当時の薬を処方したが、願いはかなわず、多くの死者が出たことを無念に思ったのかもしれない。そして、後世の人に疫病の怖さを忘れないでほしいという気持ちを込めて、この碑を建立したのだろう。

厚生労働省によれば、スペイン風邪は全世界で5億人以上の感染者を出し、死亡者5000万～1億人という途方もないパンデミックをもたらした。先述の通り、日本でも約2

500万人が感染し、約38万人以上が死亡している。わが国では1918(大正7)年8月下旬から感染が広まり(第1波)、いったんは下火になるも、1919(大正8)年秋から翌1920(大正9)年にかけて第2波が押し寄せたとされている。

丹後大仏(京都府与謝郡伊根町)

被害は特に東京府や兵庫県で多かったとの記録があり、全国各地に蔓延した。一心寺の慰霊碑には「大正八年、九年」と刻まれている。そのことは、大阪では第2波がより強力なものであったことをほのめかしている。大阪全域では、47万人以上の感染者と1万1000人以上の死者を出している。

スペイン風邪における慰霊碑建立の例は、一心寺だけではない。丹後半島の京都府伊根町にある「丹後大仏(筒川大仏)」もまた、スペイン風邪の犠牲者を弔うために造立された慰霊碑(墓)だ。丹後大仏は台座を入れると4メートルの大きさである。

1917(大正6)年、地元の製糸会社の工場従業員116人が東京に慰安旅行し、多くが感染した。京都に戻ってきて発症、42人の工員らが死亡した。それを悼んだ工場長が1919（大正8）年に青銅仏を建立している。だが、太平洋戦争時の金属供出の憂き目に遭い、現在の石仏は2代目である。この大仏の前では、毎年春にお釈迦様の誕生日を祝う花まつりが実施され、スペイン風邪の悲劇を伝承し続けている。

全国を見渡せば、過去の大規模な疫病蔓延や自然災害の際には、決まって石碑が造られている。たとえば数千人の犠牲者を出した1933（昭和8）年の昭和三陸大津波。その後には、岩手県宮古市姉吉地区に教訓とするために石碑が造られた。石碑には「此処《ここ》より下に家を建てるな」と刻まれ、集落の人はその言い伝えを忠実に守ったために、東日本大震災時の被害は比較的小さかったといわれている。

一心寺の慰霊塔や丹後大仏もまた、「感染症は忘れた頃にやってくる。衛生管理には常に気を配れ」ということを後世に伝える「教訓」や、「メディア」としての〝墓〟でもある。

改めて小刹（正覚寺）の墓地を見回し、墓誌を閲覧してみた。すると、スペイン風邪が流行していた1918（大正7）年から3年間に葬儀・納骨された事例が、前後年よりも多かった。大正年間の小刹の平均葬儀数は6件ほど。しかし、大正7年は14件、大正8年は11件、大正9年は20件と、飛躍的に葬儀の数が多かった。この数字だけでは確定的なことは言えないが、スペイン風邪の影響が十分考えられる。

そこで、知り合いの全国の寺院10か寺に、スペイン風邪蔓延時の葬儀数をカウントしてもらうべく、調査表を渡して協力を願い出た。すると、興味深い結果が得られた。1918(大正7)~1920(大正9)年に限っては、多くの寺院で2~3割程度、葬儀数が増加していたのだ。

最も檀家数の多いA寺(神奈川県横浜市)の葬儀数を見てみる。

1917(大正6)年――122件(流行前)
1918(大正7)年――157件(第1波)
1919(大正8)年――141件(第1波終息)
1920(大正9)年――166件(第2波)
1921(大正10)年――140件(第2波終息)

A寺では年間の平均葬儀数は130件前後と思われる。特に第2波の1920（大正9）年の葬式数の増加は顕著であった。

次に、東京都北区のB寺。この寺は檀家数がさほど多くないので、葬儀数の増減からスペイン風邪の影響を読み取ることはいささか乱暴だが、それでも変化はあった。

1917（大正6）年——8件（流行前）
1918（大正7）年——13件（第1波）
1919（大正8）年——17件（第1波終息）
1920（大正9）年——17件（第2波）
1921（大正10）年——15件（第2波終息）

B寺の場合、興味深いことに檀家の死因に関する記録が残っていた。「米国シアトルで死去」「感冒」「流行性感冒肺炎」「肺炎」などと、スペイン風邪との関連性をうかがわせる記述だ。

当時の住職は、どのような心境で葬儀を執り行ったのだろう。

新型コロナ感染症では、罹患して死亡した人の葬儀は、厳戒態勢が取られていた。遺体は納体袋に入れられ、棺はガムテープで目張りがされた。徹底的に消毒をしたうえで、火葬場の営業時間外に、ひっそりと火葬された。遺族は、火葬が済んで骨壺に納められて初めて、故人と対面できる異常さであった。

スペイン風邪の時、住職が日記をつけて後世に伝えていれば、それは貴重な記録となったはずだ。コロナ禍の様子も、多くの寺院が記録に留めてほしいと願う。

さらに、時代を遡って寺院の過去帳を見てみた。江戸末期の1858（安政5）〜1859（安政6）年にはコレラが大流行している。

安政年間のコレラは長崎で最初の感染があり、同年8月には江戸で大流行した。江戸だけでも死者は28万人ともいわれている。たとえば幕末期の年平均葬儀数が30件前後の熊本県のC寺の場合、

1858（安政5）年――57件
1859（安政6）年――76件
1860（万延元）年――44件

１８６１（文久元）年――28件

であった。これもコレラが原因の増加と考えられる。私の寺の場合も、安政年間には通常の3倍ほどの葬式数に上っていた。当時はコレラに対して、防疫や医療は、ほとんど機能しなかったのであろう。

ちなみに、疫病平癒の霊力をもつ「アマビエ」が瓦版《かわらばん》に登場したのが、１８４６（弘化3）年のこと。肥後国（熊本県）の海に現れて、「当年より6か年諸国は豊作になるが、病が流行る。早々に私の写しを人に見せよ」と言い残して海中に消えたとの逸話が残る。

つまり、伝染病予防と犠牲者の供養を願って、登場した妖怪なのだ。奇しくも予言通り、安政のコレラはアマビエ登場の8年後に流行した。

アマビエは今時のコロナ禍において注目され、瞬く間にＳＮＳなどで広がり、商品化も行われている。過去の感染症にまつわる教訓が、１５０年以上が経過して「癒しのキャラクター」として現代社会に再び活かされたというのは、なんとも不思議な縁を感じる。

寺や墓、地域に残る古い記録は今一度、見直されるべきだ。そして、新型コロナ感染症の終息後は、誰もが常に目にすることのできる石碑などのモニュメントを立ててほしい。

供養を続けることで後世に伝え続けることも、寺の大切な役割だと感じている。

さて、本書では日本各地における墓制の歴史、権力者の弔い、その土地に根付いた独自の葬送、不思議な弔いの慣習などを見てきた。ざっと、おさらいしてみる。

第1章は、わが国における葬墓制の歴史を駆け足で概観した。日本では、少なくとも2万年以上前（縄文時代以前）の墓が見つかっている。各地に残る環状列石の遺構からは、集落の中心に墓を据え、弔い重視の暮らしを形成していたことが読み取れる。

弥生時代には、墓は集落の外に出され、死者の魂はより「畏れ」の対象になっていく。古墳の原型ともいえる方形周溝墓や円形周溝墓が登場し、次第に規模が大きくなっていった。

卑弥呼の時代には、「殯」が登場する。殯とは、一定期間、遺体を放置して朽ちさせることで、段階的に死を受容する儀式である。殯は天皇の葬儀として継承され、昭和天皇の崩御の際にも執り行われたが、現上皇は今後の殯については、否定的な見解を示している。

大王が君臨した古墳時代は文字通り、権力者のための多くの巨大墓が造られた。全国には、現在までおよそ16万基の古墳や横穴が発見されている。代表例は、世界遺産にも登録された大阪府の百舌鳥・古市古墳群だ。

それらは、内政のための権力誇示の他に、朝鮮半島などからやってきた外部勢力に巨大墳墓を見せつけ、外交・貿易面で優位に立つ手段として使われたと考えられている。

ところが7世紀に入り、大化の改新における「薄葬令」を嚆矢にして、大規模な墳墓の造築がピタリと止んでしまう。そして、法相宗の僧道昭の臨終の際に始まった火葬が、貴族などの身分の高い者のあいだで普及していく。平安京において、寺院が弔いの機能を担っていくのもこの頃といわれている。一方で庶民の弔いは、野晒《のざら》しに近い土葬や風葬であった。

薄葬思想は続いていたが、石工の技術が向上するに従い、モニュメントとしての石の墓標が造られ始める。弘法大師空海の入定以降は、高野山を中心にして五輪塔文化が花開く。さらに宝篋印塔や無縫塔、板碑、石仏など、造形を凝らした墓石が造られ始める。

鎌倉幕府では、横穴に石塔などを納めた洞窟型の墓「やぐら」が支配階級に好まれた。今でも鎌倉にはその遺構が残っている。

江戸時代に入ると、いよいよ庶民の墓が登場する。そのきっかけになったのは、幕府による寺請制度である。そして、各地に寺院と境内墓地が整備された。

江戸時代中期までに、墓石建立ブームが庶民の間に広がっていく。その埋葬法は火葬と土葬が混在する状況であった。天皇の墓は、京都の泉涌寺に集約された。

幕藩体制が崩壊し、明治維新が訪れると、「国家仏教」から「国家神道」へと政教体制が切り替わる。すると、新政府は人々に神葬祭＝土葬を強制した。しかし土葬は、広い敷地が必要になる。そして誕生したのが青山霊園、谷中霊園、雑司ヶ谷霊園などの巨大な府立霊園であった。しかし、それでも都市部は墓地不足であり、また非合理的ともいえる土葬は庶民に受容されることはなく、ほどなく火葬が解禁になる。現在、日本は火葬率99パーセント以上の「世界一の火葬大国」になっている。

ざっと葬墓制の歴史を振り返ったうえで、第2章以降は、各地の墓制に転じた。

日本のムラ社会における伝統的な土葬はかろうじて、関西の一部地域で残っている。しかし、消滅は時間の問題だ。

日本人の葬送が火葬本位になる一方で、グローバル化によってムスリムのための土葬墓地を求める声も上がってきている。

土葬の衰退は同時に、両墓制の消滅にもつながっている。両墓制とは、遺体を埋める

「詣り墓（拝み墓、キヨバカなどとも呼ぶ）」と、魂を祀る「捨て墓（埋め墓、サンマイなどとも呼ぶ）」の2つを造る墓制のことである。

両墓制は戦前までは、全国の農山村部を中心に分布していた。だが、火葬場の整備・拡大の他に、都市開発、高齢化、人口減少などの社会構造の変化が押し寄せ、激減している。現在は滋賀県や三重県、瀬戸内の島々など一部地域にのみ、両墓制を確認することができる。だが、それも「風前の灯」となっており、完全消滅も時間の問題である。

北海道（蝦夷）や沖縄県（琉球）などは、江戸時代までは仏教の影響が薄かったため、独自の墓制を敷いており、今でもその名残りを認めることができる。

アイヌは男女別葬という珍しい墓制である。「クワ」と呼ばれる木の墓標を立てる。墓標の先端は、男性が矢じり、女性が針の穴の形をしている。アイヌは精霊主義であり、肉体は自然に還すという思想が強いため、墓や遺体への執着はない。

しかし、先祖供養は、ムラをあげて丁寧に実施されるのが特徴だ。アイヌの死後世界は天地や季節が逆転するなど、現世とは真逆ととらえる他界観が興味深い。

一方で、沖縄の墓は、庶民であっても大規模だ。琉球王朝時代の王家墓である玉陵のスタイルが、明治以降になって庶民の墓に取り入れられた（破風墓）。また、亀甲墓と呼ばれる中国由来の墓も、庶民の中に広がっていった。いずれも、洗骨を伴う風葬が前提となって造形された墓である。

墓の内部は、何人もの人が入れる広いスペースがある。そこに遺体を安置し、朽ちさせた。数年を経て、骨を拾い、骨を洗って、納骨する。したがって、沖縄の骨壺は頭蓋骨や大腿骨を入れられるように、特別大きな仕様になっている。

沖縄では墓の前に広場（庭）をつくり、法事の際（晴明祭）にはそこに一族が集って、宴会を開く。土着的シャーマンのユタが弔いの指導をすることも、沖縄ではよくあるケースだ。

戦時中は、破風墓や亀甲墓が防空壕替わりになった。同時に攻撃の対象にもなり、多くが破壊された。また、戦後は米軍基地の造成とともに、墓の移転を強いられたり、基地内に残されたりした。

戦後、沖縄における風葬文化は急速に衰退する。同時に、大きな墓を造成することは少なくなり、「本土並み」の小さな石塔墓が増えてきている。

第6章では、現代の弔いのあり方の変化についても考察した。わが国における葬墓文化は近年、再び、薄葬の時代を迎えつつある。葬式の簡素化や墓じまいが、全国的に拡大してきている。散骨や樹木葬がもてはやされ、永続的に残る石塔墓にこだわらない風潮も広がっている。

では、このまま弔いが衰退の一途を辿り、将来的にはなくなってしまうのかといえば、そうではない。実はコロナ禍になって、墓参りが増えたという寺は少なくなかった。小刹も然りだ。２０２０(令和2)年から3年間のお彼岸やお盆の墓参は、コロナ禍前より2割ほど増えた。法事も増加した。それは、社会不安の中にあって、家族や先祖が眠る墓と向き合い、故人と対話し、癒されたいと考えたからではないか。

確かに日本人は年中行事の中で、かなりの頻度で墓参りをしている。正月の初詣でには1億人近い人々が神社や寺院に足を運ぶ。また春夏のお彼岸、お盆など、伝統的な宗教儀式の他、それぞれの家庭では仏壇や神棚を祀り、死者が出れば法要を繰り返し実施する。仏壇はミニチュアの「寺院」もしくは「墓」である。自宅の中に、弔いの空間を構える国民は日本人くらいなものである。

また、お盆の帰省は、お墓参りがセットであることが多い。わざわざお墓参りのために、高速道路の渋滞が何十キロもでき、新幹線は乗車率２００パーセント超という凄まじい混雑が生まれるのである。

私は近年20歳前後の若者に対し、墓に関する調査を実施してきた（２０１８〜２０２３年、東京農業大学の１〜４年生を対象。有効回答数１３９４）。墓や墓参りについて興味深い結果が出たので、紹介したい（表を参照）。

多くの20代前後の若者が「墓や墓参りは大事だ」という意識をもち、「墓はいらない」と考えているのは少数派であることがわかった。

では、今の大人たちが「小さな葬式」を選択し、「墓じまい」を進めようとしているのはなぜか。若者の考えと、大人の行動は矛盾してはいないか。

本来、日本人が先祖を強く意識し、弔いを重視してきたことは、これまで述べてきた通りである。それは、現在でも変

設問1　墓は必要だと思うか	
①絶対に必要	24%
②必要	38%
③どちらかといえば必要	18%
④どちらでもいい	11%
⑤なくていい	8%
⑥必要ない	1%

設問2　あなたはどんな墓に埋葬されたいか	
①祖父母や親と同じ墓	55%
②自分だけの墓	15%
③海洋散骨	9%
④山野での散骨	6%
⑤納骨堂	2%
⑥墓はいらない	13%

設問3　あなたは一族の墓をいつまで守っていくか	
①ずっと守っていく	64%
②祖父母の代まで	14%
③親の代まで	14%
④早くお墓を処分したい	3%
⑤守るべき墓がない	5%

わっていないと思う。しかし、戦後は核家族化が進み、都市部を中心に「個の社会」が進む。「弔いの心」が失われているのではなく、弔う側と弔われる側の「関係性」が希薄になっているのだ。

さらに超高齢化の波が、弔いをしたくてもできない状況をつくり上げている。老後資産の保全意識も、手厚い弔いから遠ざける要因になっている。しかし、若者が「墓参りは大事だ」と考えるように、多くの日本人のＤＮＡには、弔いの心がしっかりと根付いていると確信している。

コストやつきあいの煩《わずら》わしさを考えれば、「墓は無用」と考える人がいるのもわかる。だが、先人が大切にし、祀り続けてきた墓を、効率重視でなくしてしまうのは、人類が受け継いできた智慧の放棄といわざるを得ない。

私たちの心を落ち着け、家族や親族の関係を良好なものにしてくれるのも、墓の機能であり、効能だ。墓参りは、私たちとご先祖さまとが対話できる手段であると同時に、「私とは何者か」を問答する機会でもある。非科学的、非合理的な時間をもつことも、即物的な時代に生きる私たちにとって、とても大事なことだと思う。

墓参りを通じて、私たち日本人のレーゾン・デートル（存在意義）を、探ってみませんか？

鵜飼秀徳

2023（令和5）年7月吉日
嵯峨　正覚寺にて

参考資料

一般社団法人日本石材産業協会『お墓の教科書』（一般社団法人日本石材産業協会、2014年）
高橋豊彦「土に埋もれた知内の物語を発掘する――考古分野としての知内」（北海道知内町『新・知内町史』、2015年）
高梨友子「東京湾東岸域における縄文貝塚と埋葬」（千葉県教育振興財団文化財センター『研究連絡誌』52、1998年）
千葉市史編纂委員会『千葉市史　第1巻　原始古代中世編』（千葉市、1974年）
設楽博己『縄文時代の再葬』（『国立歴史民俗博物館研究報告』49、1993年）
春成秀爾「弥生時代の再葬制」（同前）
赤穂市立有年考古館『播磨の弥生墓――円形周溝墓と方形周溝墓』（2015年）
文化庁「周知の埋蔵文化財包蔵地数」（https://www.bunka.go.jp/seisaku/bunkazai/shokai/pdf/93717701_02.pdf、2021年）
勝田至編『日本葬制史』（吉川弘文館、2012年）
三上真由子「日本古代の喪葬儀礼に関する一考察――奈良時代における天皇の殯期間の短期化について」（『奈良史学』23、2005年）
川村邦光『弔いの文化史――日本人の鎮魂の形』（中公新書、2015年）

岩田重則『「お墓」の誕生――死者祭祀の民俗誌』（岩波新書、２００６年）
木下浩良『はじめての「高野山奥之院の石塔」入門』（セルバ出版、２０１５年）
圭室文雄『葬式と檀家』（吉川弘文館、１９９９年）
立正大学博物館『第９回特別展　近世の墓石と墓誌を探る』（立正大学博物館、２０１５年）
関根達人『墓石が語る江戸時代――大名・庶民の墓事情』（吉川弘文館、２０１８年）
鵜飼秀徳『無葬社会――彷徨う遺体　変わる仏教』（日経ＢＰ、２０１６年）
鵜飼秀徳『「霊魂」を探して』（ＫＡＤＯＫＡＷＡ、２０１８年）
鵜飼秀徳『ペットと葬式――日本人の供養心をさぐる』（朝日新書、２０１８年）
一心寺『一心寺風雲覚え書き』（一心寺、１９８２年）
日本建築学会編『弔ふ建築――終の空間としての火葬場』（鹿島出版会、２００９年）
安藤優一郎『大江戸お寺繁昌記』（平凡社新書、２００９年）
吉水成正「増上寺と江戸幕府」（『佛教文化学会紀要』４―５、１９９６年）
高橋繁行『土葬の村』（講談社現代新書、２０２１年）
南山城村史編さん委員会『南山城村史　本文編』（南山城村、２００５年）
伊藤純「元禄の山陵絵図――大阪府立中之島図書館蔵『大和地方三十帝御陵絵図』」（『日本考古学』10巻15号、２００３年）
森浩一『古墳の発掘』（中公新書、１９６５年）
矢澤高太郎『天皇陵の謎』（文春新書、２０１１年）
矢澤高太郎『天皇陵の謎を追う』（中公文庫、２０１６年）

中山良昭監修・著『天皇陵　謎解き完全ガイド』（廣済堂出版、２０１６年）
外池昇『天皇陵の誕生』（祥伝社新書、２０１２年）
山田邦和・高木博志編『歴史のなかの天皇陵』（思文閣出版、２０１０年）
所功『歴代天皇知れば知るほど』（じっぴコンパクト新書、２０１４年）
大角修『天皇家のお葬式』（講談社現代新書、２０１７年）
岩田重則『天皇墓の政治民俗史』（有志舎、２０１７年）
中牧弘允「高野山と比叡山の会社墓」（『国立歴史民俗博物館研究報告』49、１９９３年）
山田直樹『ルポ企業墓――高度経済成長の「戦死者」たち』（イースト・プレス、２０１８年）
財部めぐみ「奄美大島における近代仏教の布教過程の特質――宗教者の移動性と布教スタイルを中心に」（『南太平洋研究』30巻2号、２０１０年）
名嘉真宜勝、恵原義盛『沖縄・奄美の葬送・墓制』（明玄書房、１９７９年）
名越左源太著、國分直一・恵良宏校注『南島雑話2　幕末奄美民俗誌』（平凡社、１９８４年）
藤村久和『アイヌの霊の世界』（小学館、１９８２年）
財団法人アイヌ文化振興・研究推進機構『アイヌ生活文化再現マニュアル　先祖供養』（２００６年）
藤本栄夫『北の墓』（学生社、１９７１年）
久保田逸彦「北海道アイヌの葬制――沙流アイヌを中心として」（『民俗学研究』20、１９５６年）
矢ヶ端和也「アイヌ家送り儀礼の地域差（1）」（千葉大学大学院人文公共学研究プロジェクト報告書、２０２０年）
山田孝子『アイヌの世界観』（講談社学術文庫、２０１９年）

柳田國男『葬送習俗事典――葬儀の民俗学手帳』（河出書房新社、2014年）
柳田國男『定本 柳田國男集 第十巻』（筑摩書房、1968年）
柳田國男『定本 柳田國男集 第二十五巻』（筑摩書房、1970年）
岩田重則『火葬と両墓制の仏教民俗学――サンマイのフィールドから』（勉誠出版、2018年）
香川県教育委員会『新編 香川叢書 民俗篇』（新編香川叢書刊行企画委員会、1982年）
河野豊編『佐柳島の民俗 第一集』（大谷大学民俗学研究会、1968年）
稲田道彦「瀬戸内の島々の最近の光明――志々島と小豆島」（香川大学瀬戸内圏研究センター編『瀬戸内海観光と国際芸術祭』美巧社、2020年）
最上孝敬編『葬送墓制研究集成 第四巻 墓の習俗』（名著出版、1979年）
最上孝敬『詣り墓 増補版』（名著出版、1980年）
五来重『葬と供養』（東方出版、1992年）

校閲　髙松完子
イラスト　北村文則
DTP　角谷　剛

鵜飼秀徳 うかい・ひでのり
京都・嵯峨の正覚寺に生まれる。
成城大学文芸学部卒業後、新聞記者・雑誌編集者に。
オウム真理教事件、東日本大震災、チェルノブイリ原子力発電所、
北方領土など国内外の多くの取材現場に足を運ぶ。2018年に独立。
2021年に正覚寺住職に就任(三十三世)。
主に「宗教と社会」をテーマに取材、執筆、講演を続ける。
近年は企業や大学などと連携し、
「寺院再生を通じた地方創生」に携わる。
著書に『寺院消滅——失われる「地方」と「宗教」』(日経BP)、
『仏教抹殺——なぜ明治維新は寺院を破壊したのか』
『仏教の大東亜戦争』(文春新書)など多数。
大正大学招聘教授、東京農業大学・佛教大学非常勤講師。
一般社団法人良いお寺研究会代表理事。

NHK出版新書 704

絶滅する「墓」
日本の知られざる弔い

2023年8月10日　第1刷発行

著者　鵜飼秀徳
発行者　松本浩司
発行所　NHK出版
〒150-0042 東京都渋谷区宇田川町10-3
電話 (0570) 009-321(問い合わせ) (0570) 000-321(注文)
https://www.nhk-book.co.jp (ホームページ)

ブックデザイン　albireo
印刷　壮光舎印刷・近代美術
製本　二葉製本

Printed in Japan ISBN978-4-14-088704-2 C0239

NHK出版新書好評既刊

「旧制第一中学」の面目
全国47高校を秘蔵データで読む
小林哲夫
「地元最強ブランド」の根拠は何か。なぜステータスを維持する学校と失う学校があるのか。明治から令和までの逸話が満載、教育関係者も必読!
669

オードリー・タンが語るデジタル民主主義
大野和基［インタビュー・編］
市民参加型の政治討論、新しい投票方法の導入、徹底した情報公開…。台湾の天才デジタル大臣が、民主主義の革新的なモデルの精髄を説く。
670

テルマエと浮世風呂
古代ローマと大江戸日本の比較史
本村凌二
アッピア街道と東海道から権力のあり方を考え、ワインと日本酒から民衆の暮らしに思いを馳せる。異なる歴史を比べて愉しむ10のエッセイ。
671

百歳 いつまでも書いていたい
小説家・瀬戸内寂聴の生きかた
瀬戸内寂聴
楽しい法話で多くの日本人から愛された寂聴さん。ラジオに遺された「小説家」としての言葉に、人が快活に生きるためのヒントがちりばめられている。
672

史伝 北条政子
鎌倉幕府を導いた尼将軍
山本みなみ
鎌倉殿の妻、母、そして尼将軍へ。頼朝亡き後、政子はいかにして幕府を守ったのか?中世史の新鋭が新史料を駆使して迫る、史上随一の女傑の全貌。
673

教養としての「数学I・A」
論理的思考力を最短で手に入れる
永野裕之
二次関数や統計など高校数学の初歩に親しむことで、社会人に必須の「数学リテラシー」を身につける。数学学びなおしのプロがわかりやすく解説。
674

NHK出版新書好評既刊

壁とともに生きる
わたしと「安部公房」
ヤマザキマリ
人間社会のジレンマを昆虫観察するかのように描いた戦後作家、安部公房。その恐るべき俯瞰力と先見性を、気鋭のマンガ家が生き生きと語る。
675

実践・哲学ディベート
〈人生の選択〉を見極める
高橋昌一郎
反出生主義に英語教育、ルッキズムからAI倫理、意思決定論まで。「教授」と「学生たち」のディベート形式で哲学的思考を鍛える画期的入門書!
676

『パンセ』で極める人間学
鹿島 茂
博覧強記の仏文学者が、西洋哲学の古典『パンセ』から、現代人にとって切実かつ魅力的な部分を抽出し、自身の訳と解説で編み直す、新しい哲学ガイド。
677

お白洲から見る江戸時代
「身分の上下」はどう可視化されたか
尾脇秀和
お奉行様のお裁きの前になぜ出廷者の「座席決め」が問題となったのか? 役人たちの苦労の背後に、幕府が守ろうとしていた「正義」を見出す快作!
678

考証 鎌倉殿をめぐる人びと
坂井孝一
大河ドラマ「鎌倉殿の13人」の時代考証者が、平安末期から鎌倉時代に活躍した人物の虚像と実像を徹底解説。人間関係や出来事の背景に迫る!
679

私の文学史
なぜ俺はこんな人間になったのか?
町田 康
現代文学の大立者・町田康が、影響を受けた文学や音楽・浪曲・落語など、自身の創作の裏側について、はじめて内面を「暴露」する文芸ファン待望の一冊。
681

NHK出版新書好評既刊

NHK出版新書好評既刊

新説 家康と三方原合戦
生涯唯一の大敗を読み解く

平山 優

信玄が見抜いた、家康の弱点とは⁉ 家康に最大の危機をもたらし、その後の戦国史を大きく転換させた合戦の真相と、歴史的意義に迫る！

688

禁断の進化史
人類は本当に「賢い」のか

更科 功

知能の高さと生物の繁栄は直結しているのか？なぜ知能だけでなく、意識が進化したのか？ベストセラー生物学者が、人類史最大の謎に迫る。

689

ゼロからの『資本論』

斎藤幸平

あの難解な『資本論』が誰にでも分かるようになる！ 話題の俊英がマルクスとともに〝資本主義後〟の世界を展望する、究極の『資本論』入門書。

690

ウィーン・フィルの哲学
至高の楽団はなぜ経営母体を持たないのか

渋谷ゆう子

奏者は全員個人事業主！ ハプスブルク家の治世から、彼らはいかに後ろ盾なしで伝統を守ってきたのか。歴史を辿り、楽団員への取材から明かす。

691

徹底討論！ 問われる宗教と〝カルト〟

島薗 進 釈 徹宗
若松英輔 櫻井義秀
川島堅二 小原克博

人を救うはずの宗教。〝カルト〟との境界はどこにあるのか。第一線にいる研究者・宗教者6人が、宗教リテラシーを身に付ける道筋を照らす。

692

モチベーション脳
「やる気」が起きるメカニズム

大黒達也

意識的な思考・行動を変えるには、無意識の「脳のやる気」を高めることが重要だ。脳が「飽きない」ための仕組みを気鋭の脳神経科学者が解説。

693

NHK出版新書好評既刊

早期教育に惑わされない！
子どものサバイバル英語勉強術
関 正生

早期英語教育の誤解を正し、お金と時間をかけずに子どもの英語力を伸ばすコツを伝授。700万人を教えたカリスマ講師による待望の指南書！

694

道をひらく言葉
昭和・平成を生き抜いた22人
NHK「あの人に会いたい」制作班

先達が残した珠玉の言葉が、明日への活力、生きるヒントとなる。不安の時代を生きる私たちの背中をそっと押してくれる名言、至言と出合う。

695

牧野富太郎の植物学
田中伸幸

牧野富太郎の研究、普及活動の真価とは？ NHK連続テレビ小説「らんまん」の植物監修者が、「天才植物学者」の業績をわかりやすく解説する。

696

小説で読みとく古代史
神武東遷、大悪の王、最後の女帝まで
周防 柳

清張は、梅原は、黒岩重吾や永井路子は、こう考えた——。気鋭の作家が、先達の新説・異説を踏まえて「あの謎」に迫る、スリリングな古代史入門書。

697

英文読解を極める
「上級者の思考」を手に入れる5つのステップ
北村一真

上級者の思考プロセスに着目し、文構造の把握や語彙増強の方法、自然な訳し方までを解説。多様なジャンルに対応する読解力を身につける。

698

ロシアの眼から見た日本
国防の条件を問いなおす
亀山陽司

急変する東アジア情勢の中で、地域の安定を生み出すために必要な国防の論理とリアリズムとは？ 元駐露外交官が日露関係史から解き明かす。

699